最强大脑

张振祥 ◎ 编著

SUPER
Brain

金盾出版社

内容提要

无论是渴望成为社会精英的莘莘学子,还是渴望在工作中寻求突破的上班族,具有一套完整的思维体系都至关重要。要打造最强大脑,探究思维大厦,了解其中的构造并且有目的、有计划地游走其间是十分必要的。

本书精选世界顶级的逻辑思维训练题,既有简单的谜题,也有复杂的游戏,每一道题都是为全方位培养和训练读者的逻辑思维能力专门设计的,引导读者亲身实践这些方法的应用。这些题目可以充分激发推理潜能、扩展想象空间、活跃思维,使你掌握正确的逻辑思维方法,提升逻辑思维能力。

图书在版编目(CIP)数据

最强大脑 / 张振祥编著 .-- 北京:金盾出版社,2019.5

ISBN978-7-5186-1421-9

Ⅰ.①最… Ⅱ.①张… Ⅲ.①智力游戏Ⅳ.①G898.2

中国版本图书馆 CIP 数据核字 (2019) 第 087055 号

金盾出版社出版、总发行

北京太平路 5 号(地铁万寿路站往南)

邮政编码:100036 电话:66886184

传真:68276683 网址:www.jdcbs.cn

印刷装订:三河市宏顺兴印刷有限公司

各地新华书店经销

开本:880×1230 1/32 印张:7 字数:199 千字

2019 年 6 月第 1 版第 1 次印刷

印数:1~50000 册 定价:39.80 元

(凡购买金盾出版社的图书,如有缺页)

倒页、脱页者,本社发行部负责调换

前言 Preface

　　如果将人类的全部能力比喻成一座冰山，那么我们已经开掘的，仅仅是冰山一角。假如能探测到水面下的冰山，那么无疑会使我们得到全面的提升。当今时代，竞争加剧，生活节奏不断加快，在这样的环境中，无论是渴望成为社会精英的莘莘学子，还是渴望在工作中寻求突破的上班族，具有一套完整的思维体系都至关重要。要打造最强大脑，探究思维大厦，了解其中的构造并且有目的、有计划地游走其间是十分必要的。

　　逻辑是一切思考的基础，逻辑思维能力强的人能迅速、准确地把握住问题的实质，面对纷繁复杂的问题能更容易找到解决的办法。本书第一章精选世界上顶级的逻辑思维训练题，既有简单的谜题，也有复杂的游戏，每一道题都是为全方位培养和训练读者的逻辑思维能力专门设计的，引导读者亲身实践这些方法的应用。编者还根据难易程度将题目分为初级、中级和高级三个等级，读者可以根据自己的实际情况逐步训练，也可以有选择地学习和训练，从而激发推理潜能、扩展想象空间、活跃思维，掌握正确的逻辑思维方法，提升逻辑思维能力。

　　在启发思维的过程中，侦探推理举足轻重，因为它不但有助于大脑思维的系统锻炼，有助于人们吸收智慧的精华，还能够培养人们对于探索的兴趣，展现给人们一个趣味十足的世界。具体说来，它能够有目的地培养人的观察能力、分析能力、推理能力、创造能力和想象力，对锻炼人的思维大有益处。而侦探推理游戏是一种具有高度刺激性和挑战性的思维游戏，比推理小说更真实，比数独更有趣。多做侦探推理游戏，可以活跃思维，挑战智慧，最大限度地激发推理潜能，提高智商。

　　人心包罗万象，很难探清它的虚实，而心理测试游戏正是通往内心世界的一条通道。通过游戏和测试，我们可以在自然状态下得出具有说服力的结论，从而了解自己，看清他人。对个人而言，运用这些权威而有效的心理测试游戏能够更好地了解自己的优缺点，扬长避短，完善自我，达到预定的目标，走向成功。对管理者而言，通过这些测试可以发现和解决管理工作中存在的问题，并更好地识人、用人、管人，还能提高决策能力、协调能力、亲和力和影响力，使管理水平和领导能力得到大幅度的提高。

　　无论是孩子、大人，还是学生、上班族、求职者、管理层，甚至是高智商的天才，都能从本书中找到适合自己的题目。通过完成这些训练题，你会发现自己的大脑潜能得到了全面开发，无论在学习、生活、求职、工作中遭遇什么样的问题，你都再不会感到无从下手，而是能够运用从本书中学到的各种思维方法，通过思维的灵活转换，顺利迈向成功。

目录 Contents

锻炼思维的逻辑游戏

1. 标签怎样用【初级】/2
2. 远近【初级】/2
3. 图形变身【初级】/2
4. 理发【初级】/3
5. 只动一点点【初级】/3
6. 机车【初级】/3
7. 洗车工【初级】/4
8. 在购物中心工作【初级】/4
9. 不同颜色的马【初级】/5
10. 长长的工龄【初级】/5
11. 魔方【中级】/6
12. 渡河【中级】/6
13. 聪明的匪徒【中级】/6
14. 多点相连【中级】/7
15. 图形数字【中级】/7
16. 三只桶的称量【中级】/7
17. 两数之差【中级】/8
18. 寄出的信件【中级】/8
19. 柜台交易【中级】/9
20. 春天到了【中级】/9
21. 赛马【中级】/10
22. 往返旅途【中级】/11
23. 扮演马恩的4个演员【中级】/11
24. 五月皇后【中级】/12
25. 年轻人出行【中级】/13
26. 航海【中级】/13
27. 交叉目的【中级】/14
28. 可爱的熊【中级】/15
29. 囚室【中级】/16
30. 下一个出场者【中级】/16

31. 戒指女人【中级】/17
32. 多面体环【中级】/18
33. 小猪储蓄罐【中级】/18
34. 桥牌花色【中级】/19
35. 别尔的行程【中级】/20
36. 牛奶送错了【中级】/20
37. 巫婆和猫【中级】/21
38. 倒酒【高级】/22
39. 裂缝【高级】/23
40. 安全脱险【高级】/23
41. 特别的碑文【高级】/23
42. 决斗制胜【高级】/23
43. 切割菱形【高级】/24
44. 拼剪三角【高级】/24
45. 瓶塞【初级】/24
46. 狂欢大转盘【初级】/25
47. 瓶子【初级】/25
48. 置换【初级】/26
49. 惩罚【初级】/26
50. 蜂箱【初级】/26
51. 牌点【初级】/27
52. 铁匠【初级】/27

53. 热狗【初级】/28
54. 玻璃杯【初级】/28
55. 标志牌【初级】/28
56. 香水瓶【初级】/29
57. 调换【中级】/29
58. 可可豆盒【中级】/29
59. 骰子【中级】/30
60. H 到 0【中级】/30
61. 盐和胡椒粉【中级】/31
62. 扑克牌点【中级】/31
63. 蜘蛛【中级】/32
64. 大学男生【中级】/32
65. 城堡【中级】/32
66. 滑行路线【中级】/33
67. 禁酒时期【中级】/33
68. 第一【中级】/34
69. 打赌【中级】/34
70. 幻方【中级】/35
71. 书【中级】/35
72. 牙签【中级】/36
73. 圣诞老人【中级】/36
74. 装饰品【中级】/37

75. 圣诞节长袜【中级】/37
76. 为难人的扑克牌【中级】/38
77. 手表【中级】/38
78. 蚂蚁回家【高级】/39
79. 五碗巧搬【高级】/39
80. 猜猜主角【高级】/39
答案 /40

挑战大脑的侦探推理游戏

1. 一片沉寂 /68
2. 等鱼上钩 /68
3. 寓所劫案 /69
4. 不早不晚,正好七点 /70
5. "幽灵"的破绽 /71
6. 小福尔摩斯 /72
7. 三个嫌疑犯 /72
8. 拿走了一颗珍珠 /73
9. 藏珠宝的罐头 /74
10. 那个人就是罪犯 /75
11. 智寻窃贼 /76
12. 警员与警长 /77
13. 赃物藏在何处 /78
14. 银行抢劫案 /78
15. 谁是劫匪 /80
16. 谍报员与定时炸弹 /80
17. 大侦探罗波 /81
18. 聪明的谍报员 /83
19. 究竟发生了什么 /84
20. 第一感觉 /85
21. 摩尔的暗示 /85
22. 老地质队员遇难 /86
23. 聪明的警长 /86
24. 粗心的警察 /87
25. 凶手就是他 /88
26. 哪一间房 /88
27. 侦探波洛 /89
28. 伪证据 /90
29. 职员的话 /91
30. 开庭审理 /91
31. 伪造的现场 /92
32. 报案破绽 /93

33. 行李箱被窃案 /95
34. 财会室起火案 /96
35. 被冤枉的狗 /97
36. 被淹死的人 /97
37. 墙外树下 /98
38. 刑期有误吗 /98
39. 皇帝、大臣与侍卫 /99
40. 昏庸的皇帝 /100
41. 被打翻的鱼缸 /100
42. 律师的判断 /101
43. 转危为安 /102
44. 巧击德国侵略军 /103
45. 蜘蛛告白 /103
46. 巧过立交桥 /104
47. 《圣经》阅读计划 /105
48. 化学家的声明 /106
49. 谁是匪首 /107
50. 列车上的广播 /108
51. 装哑取证 /109
52. 设宴抓贼 /110
53. 电话密码 /113

54. 奇异的案情 /113
55. 笔记本电脑不见了 /115
56. 聪明的化装师 /115
57. "赌城"拉斯维加斯 /117
58. 消夏的游客 /117
59. 钢结构房间 /119
60. 姑娘的手枪 /119
61. 跟踪谜团 /120
62. 半夜敲门 /121
63. 埃里克的解释 /122
64. 惯犯被擒 /123
65. 逃脱的方法 /124
66. 二战中的间谍 /124
67. 令人瞠目结舌的真相 /125
68. 监视的妙方法 /126
69. 奇怪的拳头 /127
70. 新学期的风波 /128
71. 终日不安的罪犯 /129
72. 婚礼灾难 /129
73. 阳台上的枪杀案 /131

答案 /133

世界流行的心理测试游戏

1. 认识另一个自己 /148
2. 看破你的自我意识 /149
3. 你的弱点在哪里 /150
4. 座位透露你的性格 /151
5. 你是一个有责任感的人吗 /151
6. 花朵代表的心理状态 /153
7. 你和他人的关系 /154
8. 你是"自我"的人吗 /155
9. 你是一个善于沟通的人吗 /156
10. 扑克牌隐藏的内心秘密 /158
11. 选择与放弃 /158
12. 你的戒备心强吗 /159
13. 面对内心的"鬼" /160
14. 你是否是一个有心计的人 /162
15. 你在哪方面最输不起 /163
16. 你的优点在哪里 /164
17. 性格的"急"与"慢" /165
18. 自信指数 /167
19. 美食中的个性 /169
20. 测试你的心理有多幼稚 /170
21. 你的自恋情结 /171
22. 社交心理成熟度 /172
23. 你是否是一个合群的人 /174
24. 测测你是哪种交际类型 /174
25. 面对不喜欢的人怎么办 /176
26. 你的人际关系及格吗 /177
27. 你的人际关系优势 /178
28. 测测你对陌生人的防范意识 /179
29. 你是难以接近的人吗 /180
30. 你容易相处吗 /181
31. 你有社交恐惧症吗 /183
32. 你是一个受欢迎的人吗 /184
33. 你在朋友中是什么印象 /186
34. 外向与内向的测量 /187
35. 测测你的自信指数 /189
36. 你容易得罪人吗 /190
37. 你会被排挤吗 /191
38. 空间判断能力测试 /192
39. 专注力测试 /193
40. 24点游戏 /194
41. 思维模式测试 /195
42. 创新思维 /197

43. 思维定式 /197

44. 脑筋换换换 /199

45. 心理健康指数测试 /200

46. 你有焦虑情绪吗 /201

47. 积极情绪影响测试量表 /204

48. 你会不会正面发泄愤怒呢 /205

49. 你的情绪化指数 /206

50. 情绪紧张度测试 /207

51. 你有偏执型情绪吗 /209

52. 你的嫉妒心有多强 /210

53. 人际关系中的情商衡量 /211

54. 你有包容心吗 /212

锻炼思维的逻辑游戏

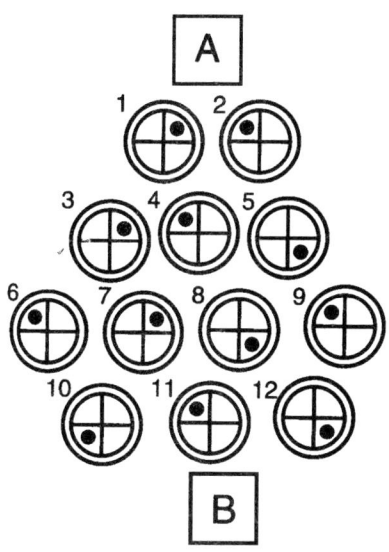

1. 标签怎样用【初级】

狗妈妈生了9只狗宝宝。

9只狗宝宝长得都很相像，分不出哪只是哪只。

有10张带数字的标签，却只有1~5号的5个数字。

那么，区别9只狗宝宝最少要用几种数字标签？

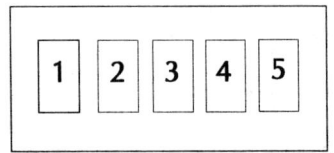

2. 远近【初级】

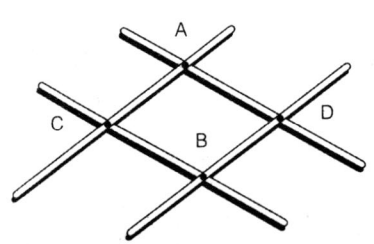

左图中的黑点表示支点。如果将A点和B点移近，C点和D点会接近些还是离远些？

3. 图形变身【初级】

如果A变身为B，那么C应变身为哪个呢？

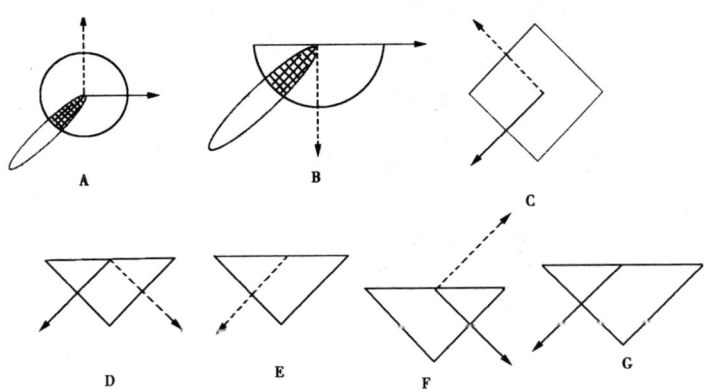

4. 理发【初级】

在一个小镇上，只有两个理发师，他们各开有一家理发店。一天，有个外地人路过此地，想理个发，但他又不知道这两个理发师谁的技术好一些。于是他便走进第一家理发店，发现这个理发师的头发七长八短。后来他又走进第二家理发店，发现这个理发师的头发整整齐齐。

这个外地人最终选择了哪位理发师？

5. 只动一点点【初级】

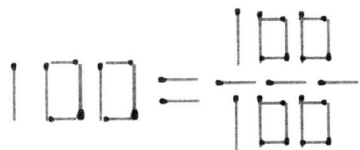

如图，请加上一根火柴棒，使等式成立。

6. 机车【初级】

在考伦喀斯特铁路展览馆里有3辆曾经服役于大盎格鲁人车站的机车。根据下面的线索，你能说出每辆机车的名字、颜色、各自所属的类型以及制造时间吗？

1. 顾名思义，沃克斯·阿比属于阿比类发动机。

2. 外面被漆成深红色和白色的亚历山大曾被应用于制造机载导弹，而亚历山大不是越野类发动机。

3. 罗德·桑兹不是那辆制造于1942年外表为橄榄绿的机车。

4. 越野类型的机车直到1909年以后才被设计出来。

7. 洗车工【初级】

为了赚些外快，比尔和他的两个朋友约定每个人清洗一辆邻居的车。根据下面的线索，你能找出他们各自为谁洗车、车的品牌及颜色吗？

1. 比尔清洗了一辆红色的车，但不是福特车。
2. 派恩先生的车是蓝色的。
3. 在他们所洗的几辆车中有一辆是黄色的普乔特。
4. 罗里清洗了斯蒂尔先生的车。

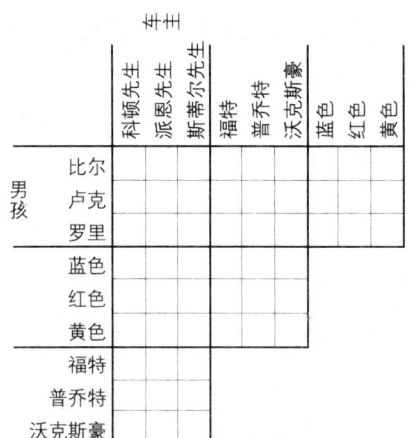

8. 在购物中心工作【初级】

3位年轻的女性刚刚到新世纪购物中心的几个店面打工。根据下面的线索，你能找出雇佣她们的商店的名字、类型以及她们各自开始工作的具体时间吗？

1. 和在面包店工作的女孩相比，安·贝尔稍晚一些找到工作，那家面包店不叫罗帕。
2. 艾玛·发不是8月份开始在万斯店工作的。
3. 卡罗尔·戴不在零售店工作。
4. 其中一个女孩不是从9月

份开始在赫尔拜的化学药品店工作。

9. 不同颜色的马 【初级】

三个女孩各有一匹不同颜色的小马。从给出的线索中，你能说出每个女孩的全名、她们各自马的名字和颜色吗？

1. 贝琳达的褐色小马不叫维纳斯。
2. 姓郝克斯的女孩有匹黑色小马。
3. 灰色小马的名字叫邦妮。
4. 费利西蒂姓威瑟斯。

10. 长长的工龄 【初级】

昨天，如同往常所有的工作日一样，3位女士在大学食堂的服务台上工作。从以下给出的线索中，你能推断出她们的名字、年龄、工龄和每个人的职责吗？

1. 那位54岁的女士工作的时间没有内尔长。
2. 提供主菜的那位女士今年有56岁了。
3. 洛蒂已经有18年的工作经验，她的工作不是分配饮料。
4. 布里奇特的职责是提供餐后甜点。

11. 魔方【中级】

右图是一个魔方从两个方向看的视图效果,这个魔方的6个面上各写着 A ~ F 不同的字母。请问,C 的对面是哪个字母?

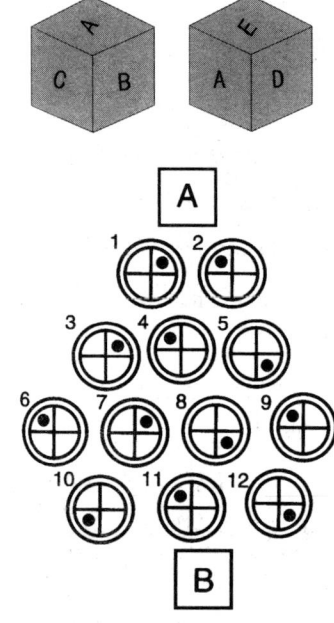

12. 渡河【中级】

渡过小河唯一的办法就是小心翼翼地踩着一块块石头,一旦踩错了石头,就会掉进河里。从 A 开始,每一排只能踩一块石头,你会沿着什么顺序走呢?

13. 聪明的匪徒【中级】

一群匪徒在沙漠中遇到了困难,必须扔下一个人,于是狡猾的头目命 19 名匪徒排成一行,说:"因为食物、饮水不足,所以在天黑前,凡点到第七名的人可以留在车上,数到最后第七名的那个人就必须留在沙漠中。"说完头目自己站到第六名匪徒后面(图中倒置的火柴是头目)。有个聪明的匪徒负责点数,他想让其他弟兄离开沙漠而让头目留在沙漠中。那么,他该如何点数?

14. 多点相连【中级】

用6条直线（一笔）将16个点连接起来，怎么连呢？

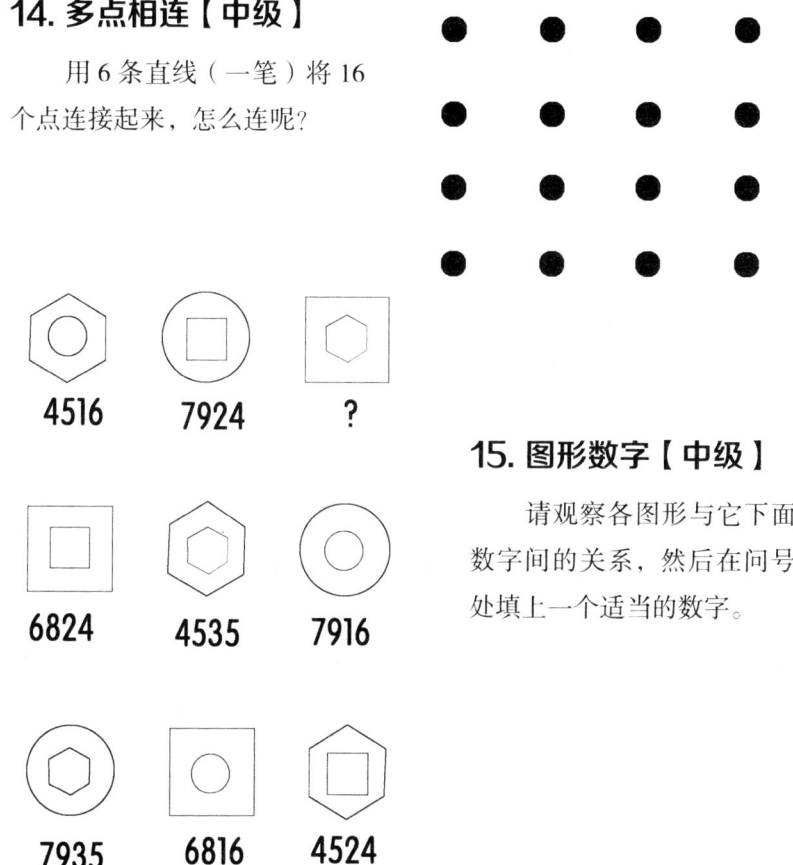

15. 图形数字【中级】

请观察各图形与它下面数字间的关系，然后在问号处填上一个适当的数字。

16. 三只桶的称量【中级】

有一个商人用一个大桶装了12千克油到市场上去卖，恰巧市场上两个人分别带了5千克和9千克的两个小桶，但他们要买走6千克的油，而且一个买1千克，一个买5千克。这个商人要怎样称给他们呢？

17. 两数之差【中级】

请大家在图中的 8 个圆圈里填上"1~8"这 8 个数字,规定由线段相连的两相邻圆圈中两数之差不能为 1。例如,顶上的圆圈内填了"5",那么"4"与"6"都不能填入第二行的某圆圈内。

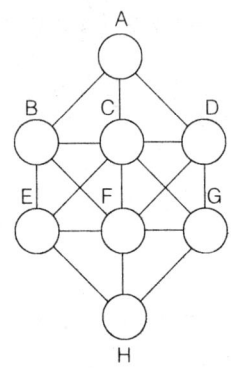

18. 寄出的信件【中级】

根据所给出的线索,你能说出位置 1 ~ 4 上的女士的姓名和她们要寄出的信件的数目吗?

1. 埃德娜和鲍克丝夫人是离邮筒最近的人;前者寄出的信件数目比后者少。

2. 邮筒两边的女士寄出的信件数目一样多。

3. 克拉丽斯·弗兰克斯所处位置的编号,比邮筒对面寄出 3 封信的那个女人小。

4. 博比不是斯坦布夫人,她不在 3 号位置。

5. 只有一个女人所处的位置编号和她要寄的信件数目是相同的。

名:博比,克拉丽斯,埃德娜,吉马
姓:鲍克丝,弗兰克斯,梅勒,斯坦布
信件数:2, 3, 4, 5

19. 柜台交易【中级】

有两位顾客正在一家化学用品商店买东西。从以下所给的线索中,你能正确地说出售货员和顾客的姓名、顾客各自所买的东西以及找零的数目吗?

1. 杰姬参与的买卖中需要找零17便士,而沃茨夫人不是。
2. 朱莉娅是由一个叫蒂娜的售货员接待的,但她不是买洗发水的奥利弗夫人。
3. 图中的2号售货员不是莱斯利,而莱斯利不姓里德。
4. 阿尔叟小姐卖出的不是阿司匹林。
5. 2号售货员给4号顾客找零29便士。

名:杰姬,朱莉娅,莱斯利,蒂娜
姓:阿尔叟,奥利弗,里德,沃茨
商品:洗发水,阿司匹林
找零:17便士,29便士

20. 春天到了【中级】

某个小村庄的学校里,4个男孩正坐在长椅1、2、3、4的位置上上自然科学课,在这堂课中,每位同学都要把前段时间注意到或做过的事情告诉老师和同学。从以下所给的线索中,你能辨别出这4个人并推断出他们各自在这堂课中所说的事件吗?

1. 从你的方向看过去,那个看到翠鸟的男孩就坐在汤米的右边,他们中间没有间隔。
2. 听到今年第一声布谷鸟叫的是一个姓史密斯的小伙子。
3. 从你的方向看过去,比利坐在埃里克左边的某个位置上,其中普劳曼是埃里克的姓。
4. 图中位置3上坐着亚瑟同学。

5. 位置2的男孩告诉了大家周末他和父亲玩鳟鱼的事,他不姓波特。

名:亚瑟,比利,埃里克,汤米
姓:诺米,普劳曼,波特,史密斯
事件:听到布谷鸟叫,看到山楂开花,看到翠鸟,玩鳟鱼

21. 赛马【中级】

图中向我们展示了业余赛马骑师的一场点对点比赛,其中一场比赛的照片展示在田径运动会的宣传卡片上。根据以下所给出的线索,你能说出每匹马的名字以及各骑师的姓名吗?

1. 第二名的马名叫艾塞克斯女孩。
2. 海员赛姆不是第四名,它的骑师姓克里福特,但不叫约翰。
3. 蓝色白兰地的骑师,他的姓要比萨利的姓少一个字。
4. 麦克·阿彻骑的马紧跟在西帕龙的后面,西帕龙不是理查德的马。

马的名字:蓝色白兰地,艾塞克斯女孩,海员赛姆,西帕龙

骑师的名字:埃玛,约翰,麦克,萨利

骑师的姓:阿彻,克里福特,匹高特,理查德

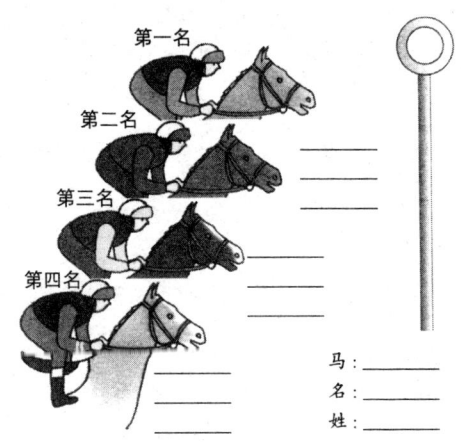

22. 往返旅途【中级】

昨天，北切斯特的3个市民都去了市中心，他们来回都采用了不同的交通方式。从以下所给的线索中，你能说出这3个人的全名以及他们来回的交通方式吗？

1. 在市中心遭劫之后被警察带回家的受害者不是巴里·沃斯。

2. 姓扎吉的人不是坐巴士去市中心的。

3. 由于天下雨，范是坐计程车回来的。

4. 喜欢保持身材而步行的家伙是被救护车送回来的，因为他撞到了井栏石上。

5. 乔安妮不是那个骑新折叠自行车的人。

		姓			自行车	巴士	步行	救护车	计程车	警车
		范	扎吉	沃斯						
名	巴里									
	乔安妮									
	罗宾									
	救护车									
	计程车									
	警车									
	自行车									
	巴士									
	步行									

23. 扮演马恩的4个演员【中级】

马恩是20世纪最伟大的人物之一。最近，不列颠电视台将上演休·马恩的自传，电视台的新闻办公室公布了分别扮演马恩各个时期的4个演员的照片。从以下所给出的线索中，你能说出4个演员的名字以及所扮演的时期吗？

1. C饰演孩童时代的马恩，他不姓曼彻特。

2. 安东尼·李尔王不饰演晚年的马恩，马恩在晚年时期已经成为哲学家。

3. 理查德紧贴在哈姆雷特的左边，哈姆雷特饰演的是那个正谈论他的伟大军事理想的马恩。

4. A是朱利叶斯。

名：安东尼，约翰，朱利叶斯，理查德

姓：哈姆雷特，李尔王，曼彻特，温特斯

时期：孩童，青少年，士兵，晚年

24. 五月皇后【中级】

考古学家最近在一个小村镇里挖掘出了一张关于五月皇后的名单，在18世纪早期，五月皇后连续7年被推选出来执政。从以下所给的线索中，你能说出1721~1727年分别推选出的五月皇后的全名是什么、是谁的女儿吗？

1. 萨金特在教区长女儿之后两年、汉丽特之前两年成为五月皇后。

2. 布莱克是在1723年5月当选的。

3. 安·特伦特是偶数年份当选的五月皇后，她的父亲不是箍桶匠。

4. 安德鲁是在织工的女儿之前当选为五月皇后的，她不是比阿特丽斯。

5. 铁匠卢克·沃顿的女儿也是其中一位五月皇后，在沃里特之后当选，而且不是在1725年当选的。

6. 木匠的女儿苏珊娜是在索亚之前当选的五月皇后。

7. 米尔福德在箍桶匠的女儿当选之后两年成为五月皇后，她的前任是旅馆主人的女儿，旅馆主人的女儿在玛丽当选的两年之后当选。

8. 教区长的女儿紧接在简之后当选为五月皇后。

名：安，比阿特丽斯，汉丽特，简，玛丽，苏珊娜，沃里特

姓：安德鲁，布莱克，米尔福德，萨金特，索亚，特伦特，沃顿

父亲：铁匠，木匠，箍桶匠，旅馆主人，教区长，茅屋匠，织工

25. 年轻人出行【中级】

某一天，同一村庄的4个年轻人朝东、南、西、北4个方向出行。从以下所给的线索中，你能推断出他们各自走的方向、出行的方式以及出行原因吗？

1. 安布罗斯和那个骑摩托车去上高尔夫课的人走的方向刚好相反。

2. 其中一个年轻人所要去的游泳池在村庄的南面，而另外一个年轻人参加的拍卖会不是在村庄的西面举行。

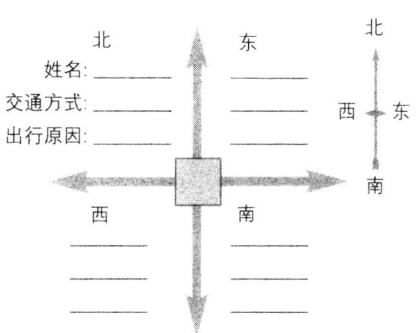

3. 雷蒙德离开村庄后直接朝东走。

4. 欧内斯特出行的方向是那个坐巴士的年轻人出行方向逆时针转90°的方向。

5. 坐出租车出行的西尔威斯特没有朝北走。

姓名：安布罗斯，欧内斯特，雷蒙德，西尔威斯特
交通工具：巴士，小汽车，摩托车，出租车
出行原因：拍卖会，看牙医，上高尔夫课，游泳

26. 航海【中级】

在某个阳光灿烂的夏日午后，4艘游船在某海湾航行，位置如图。根据以下所给的线索，你能说出这4艘船的名字、航海员以及帆的颜色吗？

1. 海鸥在马尔科姆掌舵的船东南面，马尔科姆掌舵的船帆是白色的。

2. 燕鸥在图中处于奇数的位置，它的帆是灰蓝色的。

3. 有灰绿色帆的那艘船不是图中的4号。

4. 维克多的船处于3号位置。

5. 海雀的位置数要比有黄色帆的游船小，但比大卫掌舵的船位置数要大。

6. 埃德蒙的船叫三趾鸥。

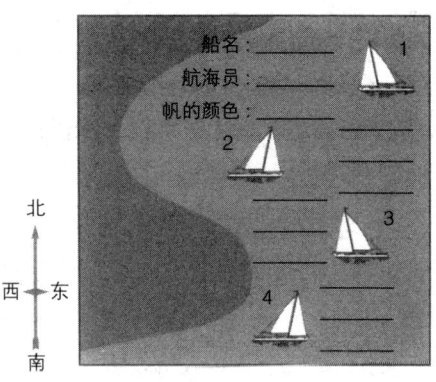

船名：海鸠，三趾鸥，海雀，燕鸥
航海员：大卫，埃德蒙，马尔科姆，维克多
帆：灰蓝色，灰绿色，白色，黄色

27. 交叉目的【中级】

上星期六，住在4个村庄的4位女士由于不同的原因，如图所示，同时朝着离家相反的交叉方向出发。从以下所给的线索中，你能指出这4个村庄的名字、4位女士的名字以及她们各自出行的原因吗？

1. 波利是去见一位朋友。

2. 耐特泊村的居民出去遛狗。

3. 村庄4的名字为克兰菲尔德。

4. 西尔维亚住的村庄靠近参加婚礼的人住的村庄,并在这个村庄的逆时针方向。

5. 丹尼斯去了波利顿村,它位于举行婚礼的利恩村的东面。

村庄:克兰菲尔德村,利恩村,耐特泊村,波利顿村
名字:丹尼斯,玛克辛,波利,西尔维亚
原因:参加婚礼,遛狗,见朋友,看望母亲

28. 可爱的熊【中级】

我妹妹在她梳妆台的镜子上摆放了4张照片,这4张照片展示的是她去年去动物园时所看到的熊。从以下所给的线索中,你能说出这4只熊的名字、种类以及各个动物园的名字吗?

1. 布鲁马的照片来自它生活的天鹅湖动物园。

2. A照片上的熊叫帕丁顿,它不来自秘鲁。

3. 格林斯顿动物园的灰熊的照片印在一张正方形的明信片上。

4. 眼镜熊的照片在鲁珀特的右边,鲁珀特熊不穿裤子。

5. 泰迪的照片紧靠来自布赖特邦动物园那只熊的左边,后者不是东方太阳熊。

熊名:布鲁马,帕丁顿,鲁珀特,泰迪
种类:灰熊,极地熊,眼镜熊,东方太阳熊
动物园:布赖特邦,格林斯顿,诺斯丘斯特,天鹅湖

29. 囚室【中级】

下图中的Ⅰ、Ⅱ、Ⅲ、Ⅳ分别代表4间囚室。你能依据给出的线索说出被囚禁者以及其父亲的名字等细节吗?

1. 在房间Ⅰ里的是国王尤里的孩子。

2. 禁闭阿弗兰国王唯一的孩子的房间,是尤里天的公主所在房子的逆时针方向上的第一间,后者的房子在沃而夫王子的对面。

3. 禁闭欧高连统治者孩子的房间,是国王西福利亚的孩子所在房间逆时针方向上的第一间。

4. 勇敢的阿姆雷特王子,在美丽的吉尼斯公主所在房间顺时针方向的第一个房间,即马兰格丽亚国王的小孩所在房间逆时针方向的下一间。

5. 卡萨得公主在一位优秀王子的对面,前者的父亲统治的不是卡里得罗。卡里得罗也不是国王恩巴的统治地。

被囚禁者:阿姆雷特王子,沃而夫王子,卡萨得公主,吉尼斯公主
国王:阿弗兰,恩巴,西福利亚,尤里
王国:卡里得罗,尤里天,马兰格丽亚,欧高连

30. 下一个出场者【中级】

乡村板球队正在比赛,有4位替补选手正坐在替补席上整装待发。从以下给出的线索中,你能说出这4位选手的名字、赛号以及每个人在球队中的位置吗?

1. 6号是万能选手，准备下一个出场，他坐的位置紧靠帕迪右侧。

2. 尼克是乡村队的守门员。

3. 旋转投手的位置不是7号。

4. 图中C位置被乔希占了。

5. 选手A将在艾伦之后出场。

6. 坐在长凳B位置的选手是9号。

姓名：艾伦，乔希，尼克，帕迪
赛号：6，7，8，9
位置：万能，快投，旋转投手，守门员

31. 戒指女人【中级】

洛蒂·吉姆斯本是一个不起眼的女演员，但是因和很多有钱男人订过婚，关系破裂后得到他们价值连城的婚戒而扬名，从而成为名副其实的"戒指女人"。根据以下所给的线索，你能说出每枚戒指里所用的宝石的类型、戒指的价值以及这些戒指分别是哪个男人送的吗？

1. 洛蒂从企业家雷伊那里得到的钻戒就在价值10 000英镑的戒指旁边。

2. 从电影导演马特·佩恩那里得到的戒指要比那个硕大的红宝石戒指便宜。

3. 那个翡翠戒指价值不是15 000英镑，它不是休·基恩给她的。

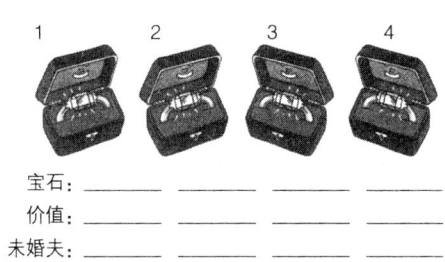

4. 戒指 3 花了她前未婚夫 20 000 英镑。

宝石：钻石，翡翠，红宝石，蓝宝石
价值（英镑）：10 000，15 000，20 000，25 000
未婚夫：艾伦·杜克，休·基恩，马特·佩恩，雷伊·廷代尔

32. 多面体环【中级】

8 个正八面体可以组成 1 个多面体的环，如图 1 所示。

请问其他几种正多面体用同样的方法能否组成这样的多面体环？

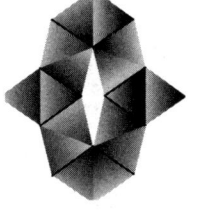

图1

正四面体

正六面体（立方体）

正八面体

正十二面体

正二十面体

33. 小猪储蓄罐【中级】

诺斯家的柜子上摆放着 5 个小猪储蓄罐。从以下所给的线索中，你能描述这几个小猪的详细情况——它们的颜色、名字以及各自的主人吗？

1. 蓝色的小猪不属于杰茜卡，它的主人比大卫大 1 岁。大卫拥有自己的小猪储蓄罐，大卫的小猪储蓄罐不是红色的，它的位置在蓝色小猪的右边，但相隔不止一只小猪。

2. 紧靠大卫的小猪左边的绿色小猪的主人比大卫大 2 岁。

3. 卡米拉的小猪储蓄罐紧靠红色小猪的左边。卡米拉要比红色小猪的主人年纪大，但她不是 5 个小孩中最大的。

4. 黄色的小猪不是大卫的，它紧靠杰茜卡的小猪左边，它的主人要比图中 B 小猪的主人大 1 岁，但要比大卫小 1 岁。

5. 本比纯白色小猪的主人小 1 岁，但比卡蒂大 1 岁，卡蒂的小猪

比本的小猪和白色小猪更靠左。

6. 诺斯先生和夫人一直想让孩子们按年龄大小把他们各自的小猪从左到右排列，但都没有如愿。事实上，如果按他们的方案来看，目前没有一只小猪在它们应该在的位置上。

颜色：蓝，绿，红，白，黄
小孩名字：本，卡米拉，大卫，杰茜卡，卡蒂
小孩年龄：8，9，10，11，12

34. 桥牌花色【中级】

4位桥牌选手各坐桌子一方，手中各有不同花色的一副牌。从以下给出的线索中，你能说出这4个人的名字以及他们握的是什么花色的牌吗？

1. 理查德的牌颜色和拉夫的牌颜色一样，拉夫坐北边的位置。
2. 玛蒂娜对家握的牌花色是红桃。
3. 坐在西边的女人手握黑桃，她不姓田娜思。
4. 保罗·翰德的搭档是以斯帖。
5. 坐在南边的人握的牌花色不是梅花。

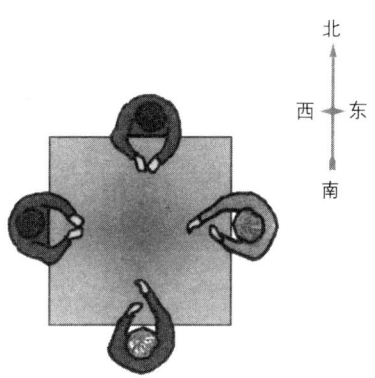

名：以斯帖，玛蒂娜，保罗，理查德
姓：翰德，拉夫，田娜思，启克
花色：梅花，方块，红桃，黑桃

35. 别尔的行程【中级】

别尔·来格斯是英国摄政时期最活跃的英雄之一。有一次他去拜访4个熟人，并分别在熟人那里过了夜。从以下所给的线索中，你能说出别尔的每个熟人的名字和他们各自房子的名字以及相邻两地间的距离吗？

1. 待在别尔·温蒂后家里过夜是在去了福卜利会馆之后，接着他需要骑马22英里到达下一个目的地。

2. 考克斯可布是别尔·笑特的房子。

3. 别尔·来格斯去丹得宫骑行了25英里，在那里过夜之后他接着去拜访别尔·里格林。

4. 最短的路程是去别尔·斯决的房子，它不是斯沃克屋。

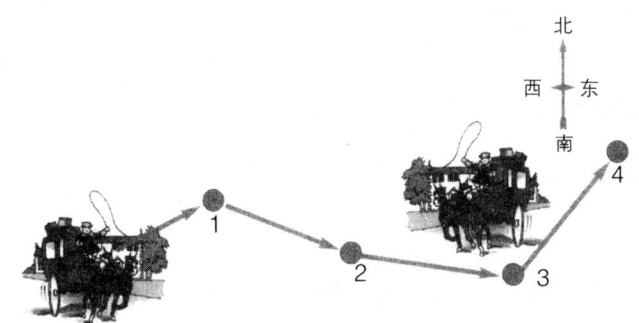

距离（英里）：20，22，25，28
房子：考克斯可布，福卜利会馆，斯沃克屋，丹得宫
主人：别尔·里格林，别尔·笑特，别尔·斯决，别尔·温蒂后

36. 牛奶送错了【中级】

送奶工出去度假了，他的亲戚瓦利早上替他去送奶，结果把某街道中的1、3、5、7号人家的牛奶送错了。从以下所给的线索中，你能说出这4户人家分别住的是谁、他们本该收到的和实际收到的牛奶瓶

数吗？

1. 那天早上布雷特一家订购了4瓶牛奶。

2. 1号人家收到的要比劳莱斯订购的牛奶瓶数少一瓶，劳莱斯一家那天收到的不是2瓶牛奶。

3. 克孜那天早上发现门口放着3瓶牛奶，她和汀斯戴尔家中间隔了一户人家，克孜每天订的牛奶比汀斯戴尔家多。

4. 瓦利在5号人家门口只留了一瓶牛奶。

5. 7号人家应该收到2瓶牛奶。

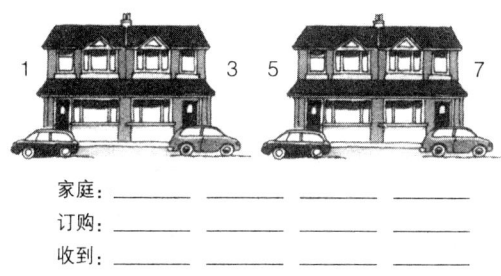

家庭：_____ _____ _____ _____
订购：_____ _____ _____ _____
收到：_____ _____ _____ _____

家庭：布雷特，克孜，汀斯戴尔，劳莱斯
订购：1，2，3，4
收到：1，2，3，4

37. 巫婆和猫【中级】

中世纪时期的一个小乡村里，4个巫婆分别霸占了村里的4幢别墅。根据下面的线索，你能说出每幢别墅中巫婆的名字、年龄以及巫婆的猫的名字吗？

1. 马乔里住在那个86岁的老巫婆的东面，这个巫婆有只猫叫颇里安娜。

2. 罗赞娜刚过80岁。

3. 凯特的主人住在村里池塘后面的2号别墅里，她总是用诡异其至可以说是邪恶的眼神从她密室的窗口向外窥视。

　　4. 3号别墅的主人75岁,她的猫不叫托比。

　　5. 人们把塔比瑟的那只老猫叫作尼克。

　　6. 和格里泽尔达住得最近的巫婆已经71岁了。

巫婆：格里泽尔达,马乔里,罗赞娜,塔比瑟
年龄：71,75,80,86
猫：凯特,尼克,颇里安娜,托比

38. 倒酒【高级】

　　最开始的时候,9升罐是满的,5升、4升和2升罐都是空的。

　　游戏目的是将红酒平均分成3份。

　　因为这些罐都没有标明计量刻度,倒酒只能以如下方式进行：使1个罐完全留空或者完全注满。如果我们将红酒从1个罐倒入2个较小的罐中,或者从2个罐倒入第三个罐,这两种方式都算作2次倒酒。

　　达到目的的最少倒酒次数是多少?

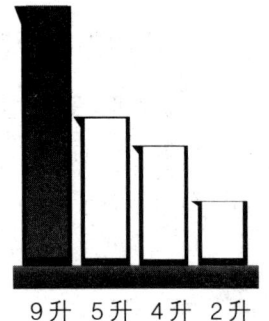

39. 裂缝【高级】

右图显示的是一块泥地,泥地上有很多裂缝。你能够说出这众多裂缝中哪一条是最先出现的吗?

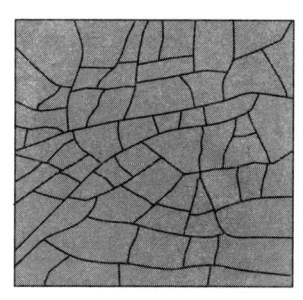

40. 安全脱险【高级】

迈克和杰克用软梯下到一个深谷,准备探寻谷底的洞穴。刚走了几米,忽然谷底的泉水大量涌出,不一会儿水位就到了腰部,并不断上涨。他们两人没想到谷底会发大水,既不会游泳,又没带救生用具,只能立刻攀软梯出谷。但他们所用软梯的负重是250千克,攀下时是一个一个下来的,因为他们的体重都是140千克左右。如果两人同时攀梯,势必将软梯踩断;若依次先后攀梯而上,水势很急,时间来不及。你能帮助他们想一个办法安全脱险吗?

41. 特别的碑文【高级】

在一块墓碑上刻着特别的碑文,它曾吸引了无数人前来推测和祭奠。这块墓碑的碑文如下:

如果包括同母异父或同父异母的关系,埋葬在墓地里的最少有几个人?

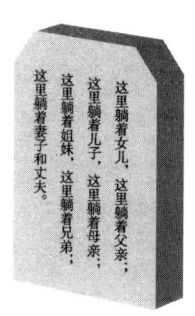

42. 决斗制胜【高级】

有A、B、C共3人进行决斗,分别站在边长为1米的正三角形的顶点上。每人手里有一把枪,枪里只有一发子弹。每个人都是神枪手,不会失手。如果决斗者A不想死,他要怎么做才能保证存活?

43. 切割菱形【高级】

下面的图是一个菱形，里面有几个数字。你能想办法在上面画一条直线，使各个区域的数字总和相等吗？

44. 拼剪三角【高级】

如下图，有一家地毯店接到客户订单，订的是一张铺在三角形房间的地毯。但是，店家裁制时竟不小心将地毯翻成反面来裁剪，而且形状为不等边三角形。请问怎么办？

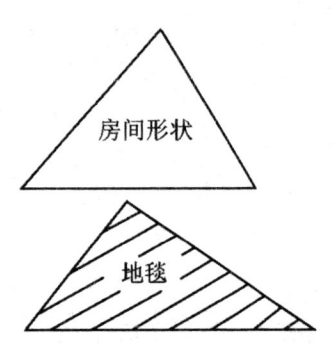

45. 瓶塞【初级】

这是一个很好的瓶塞思维游戏，你可以在你下次葡萄酒品尝会上拿它来考考你的客人。接下来，我要请19世纪最好的思维游戏出题者霍夫曼教授介绍这道题：

"准备两个葡萄酒瓶的瓶塞，然后按照图1的样子把它们夹在拇指和食指中间。现在，用右手的拇指和中指抓住左手上的瓶塞（两根手指抓住瓶塞的两端），与此同时，再用左手的拇指和中指抓住右手上的瓶塞，然后，把两个瓶塞分开。"

上面的操作听起来很简单，但是初学者在尝试的时候会出现图2的情况。而这

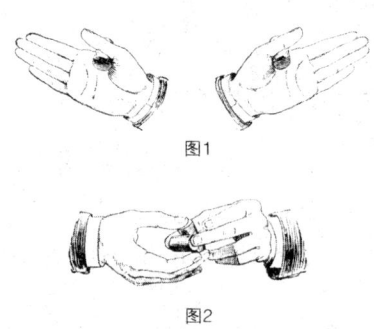

正是这个题要避免的,必须将两个瓶塞自然地分开。

46. 狂欢大转盘【初级】

狂欢小丑英勒斯说得很对,这个老板是个非常迷信的人,他总是把1到11这几个数字写在转盘上并使每条线上的3个数字相加后等于18。那么,你能正确填写这些数字吗?

47. 瓶子【初级】

弗朗昆教授的一个学生将一个装着写有下面语句的便条的瓶子交给了他。他向这个博学的人挑战,要解读著名的航海船长在这个便条上所写的这首诗中包含了什么:

"我现在指挥着这艘巨轮,船上装载着从世界各地运来的珍贵货物,这些东西我从来没有卖过。风也助我一臂之力,不管是港口还是海港,我最大的愿望就是能在上面自由奔跑。"

那么,你知道这位诗人船长是谁吗?

48. 置换【初级】

罗索姆·乔治虽然努力解题但仍无法得到答案,我们来帮帮他吧。将两枚1分硬币放在1号和2号位置,然后把两枚1角硬币放在8号和10号位置。我们只能通过18步把这4枚硬币交换位置。在移动硬币时,要遵循下面的规则:一次只可以将一枚硬币移动到

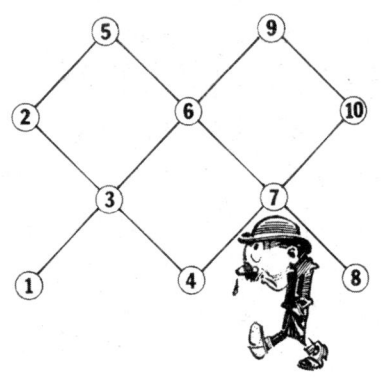

任意一条直线上的任何一个带数字的圆圈之内;相同的硬币不能在某条直线上移动两次;不允许1分硬币和1角硬币同时停止在同一条直线上。你有15分钟的时间来解答这道题。

49. 惩罚【初级】

思罗克莫顿能写出这个数字吗?彭尼帕克先生给了他一道很难的题。他只能利用1、3、5、7、9这些数字来解答这道题。很显然,诸如333、753或者717这些数字都不是偶数。那么,你能否帮助思罗克莫顿走出这个困境呢?

50. 蜂箱【初级】

右图中的蜜蜂正在设法将蜂箱中从1~14这几个数字重新排列。它们要使相邻的两个蜂房内的数字彼此不连续,同时,排列完之后,任意一个数字都不能与可以整除它的数字相邻(数字1排除在外)。

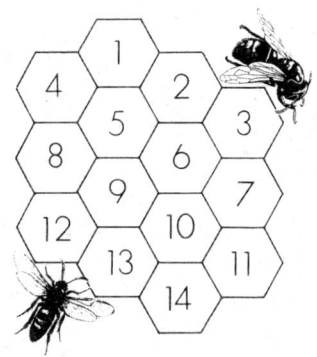

51. 牌点【初级】

这是为数不多的多米诺骨牌思维游戏中的一个，而且你完全可以把它做出来。下图是4个空白的多米诺骨牌。你要做的就是按照下面的规则，将18个点放在多米诺骨牌上：

4个多米诺骨牌的上半部分点的总个数等于下半部分的总个数。同时，第一个多米诺骨牌上的点数要等于最后一个牌上的两倍。另外两个中的一个只有一个点，而另一个则有两个点（上下两部分各有一个）。有3个多米诺骨牌的上半部分的点数相同，有两个多米诺骨牌的下半部分的点数相同。

这听起来让人很迷惑，但是，我赌你用不了15分钟就可以解答这道题。

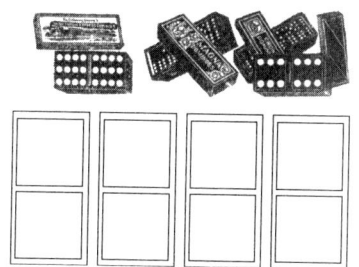

52. 铁匠【初级】

时间要回到1776年，约克人蒂莫西是波士顿最好的铁匠。他每次做完一件酒杯，都会去路南边的布拉迪·马林·格罗格商店为这家店的老板解决高难度的思维游戏。长凳上放着一大块儿铁皮，蒂莫西把它切成5小块儿后组成了一个正方形。那么，你能推断出他是如何做到的吗？

53. 热狗【初级】

如果你可以解决这个思维游戏，那么就可以免费得到一个热狗。

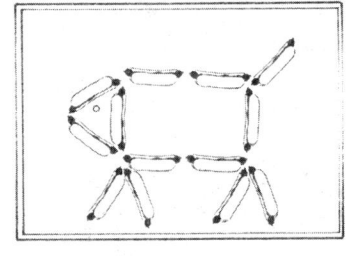

"你们好，孩子们，这次我给你们带来另外一道莫尔博斯难题。我已经把13根热狗摆成了一只面朝西的狗。那么，你们能不能只移动其中的两根热狗使这只狗面朝东呢？那只狗的尾巴要保持向上翘。它的眼睛是1枚硬币，你可以自由移动。谁先做到谁就会得到涂了芥末酱的莫尔博斯热狗！"

54. 玻璃杯【初级】

　　威灵顿·曼尼拜格斯是赌场中的名家，他身后就是一道"玻璃杯"难题。将一根火柴支撑在两个颠倒的玻璃杯的中间部位（如图所示）。现在，威灵顿打赌说他即使将其中的一个玻璃杯拿走也可以使那根火柴悬在空中。你只能拿桌子上的第二根火柴与那根火柴接触。那么，谁对他的这个赌博感兴趣呢？

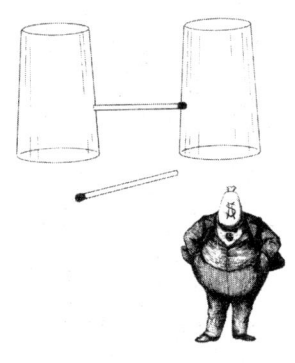

"小心，斯梅德利！前面十字路口有一个思维游戏！我们可不想错过啊！"

55. 标志牌【中级】

　　"波普，你说得不对！那个标志牌才是思维游戏呢！你的任务就是把它解答出来，即把标志牌上所有的相同字母用相同的数字来代替。如果正确完成的话，那么你会得出一个正确的数学表达式。你试试，看能不能在我们到达海滩之前把它解答出来！"

56. 香水瓶【中级】

右图是一个塞有塞子的未装满的科隆香水瓶，你如何计算出瓶中液体所占瓶子的百分比（瓶塞所占空间面积不计）？你能使用的只有一把尺子，同时，你不能将瓶塞从瓶子上拿走。你有5分钟的时间计算出结果。

57. 调换【中级】

在右图的棋盘上将3枚5角硬币放在1、2、3号方格内，然后将3枚1角硬币放在5、6、7号方格内，接着再将它们的位置互换。在这个过程中，你可以将硬币移动到与之相邻的空格内或将其从与之相邻的硬币上跳到后面的空格内，你可以沿水平或者垂直方向移动。请设法在15步之内将硬币相互交换位置。

58. 可可豆盒【中级】

在这道甜味题当中，你遇到的是一个密封的贝克早餐可可豆盒，里面装满了可可豆。另外，还有一把15厘米长的尺子。那么，你能否在不打开盒子的情况下，测量盒子内部的尺寸并计算出盒子主对角线的长度呢？

比如这条从底部右侧前角（B）到顶部左侧后角（A）的直线，盒子内有4条这样的直线。盒子侧面、顶部以及底部的厚度可以忽略不计。通过数学计算你可以得出结果，但是有一个更为简单的方法，即只利用尺子直接测量，我们要找出这个方法。

我们已经将体积因素排除在外，因为它们并不是找出这个方法的关键所在。那么，你能找到这道题的解答方法吗？

59. 骰子【中级】

这道题需要你准备3个骰子。先在桌子上放一个骰子，然后把另外两个骰子夹在拇指和食指之间。接着，与在场的人打赌，说他们不能按照图中所示的角度将两个骰子并排放在桌上的那个骰子的顶部。不用说，他们每次都会失败。当他们最终认输时，你可以毫不犹豫地将骰子稳稳当当地放在上面。你如何去做呢？

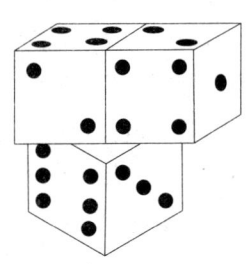

60. H到O【中级】

许多移动硬币的思维游戏都可以使人愉快，而这个游戏就是其中之一：你要用5步将图1中的H变成图2中的O，每一步都要使一枚硬币在不打乱其他硬币位置的情况下移动一次。当这枚硬币移动到新位置后，它必须与另外两枚硬币相接触。

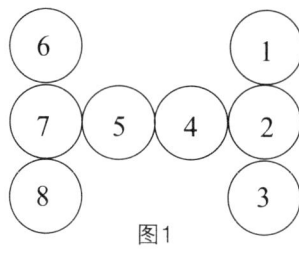
图1

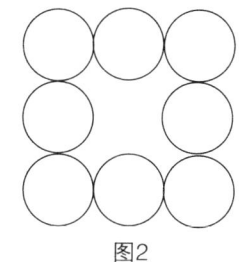
图2

61. 盐和胡椒粉【中级】

格温多林又一次看到她的老板在玩这个把戏。赫伯特很喜欢玩这个游戏，它总会令朋友很吃惊。他先在桌子上放一些盐，然后在盐上撒一些胡椒粉。接着，他让客人把胡椒粉从盐里分离出去，但是不能接触盐或胡椒粉。尽管这听起来好像是不可能的，但是聪明的赫伯特很快就能把胡椒粉分离出来。你能发现其中的奥妙吗？

62. 扑克牌点【中级】

这次，我们的英雄智穷力竭了，我们来帮帮他吧。题目是这样的：从一副牌中挑出4张5，然后，把它们正面放在桌上。你如何使20个牌点只显示出16个？你有10分钟的时间来解答这道题。

63. 蜘蛛【中级】

你不能被这个问题难倒。右图的玻璃圆柱体高4厘米、周长6厘米。圆柱体外面有一只蜘蛛，距离圆柱体底部1厘米；里面有一只苍蝇，距离圆柱体顶部1厘米。蜘蛛看到苍蝇后，找出了到圆柱体内部最近的路线，然后猛扑向苍蝇。那么，蜘蛛的行走路线是怎样的？同时，它走的路程有几厘米呢？

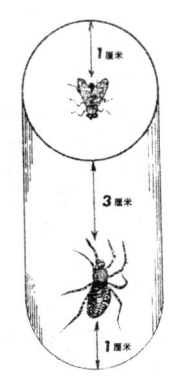

64. 大学男生【中级】

"请多寄些钱过来。"这位大三学生已经把钱花完了，他在向家里要，而他的请求只有当他的爸爸解读之后才能得到回复。信中的每一个字母代表一个数位上的数字——数字是从0~9，其中的一些数字可被重复使用。那么，这位大三学生想要多少钱呢？

65. 城堡【中级】

很多年以前，格力姆斯力城堡的高塔顶内关押着3个人：一位老国王、他的儿子以及女儿，他们的体重分别是97.5千克、52.5千克以及45千克。他们与地面唯一的交流工具就是一根绳子，绳子绕在滑轮上，绳子两端各系着一个篮子。一个篮子落地时，另一个篮子刚好到他们窗户的对面。如果一个篮子比另一个篮子重,那么很自然,重的那个篮子就会下降;但是,如果两边的重量差超过 7.5 千克,那么它在下降时就会很危险,因为速度太快的话,哪个人都无法控制。他们只能在这个塔里找到一颗重量为 37.5 千克的炮弹。如果他们想逃走,那么,他们应该怎么做呢?

66. 滑行路线【中级】

一个男孩为了考验自己的滑冰技巧,滑完所有的白色方块共走了 17 条直线(有些方块重复,但最多只在某处方块上重复了 4 次),没有经过任何黑色方块。请你画出他的滑行路线,起点是黑点,终点在右下角。

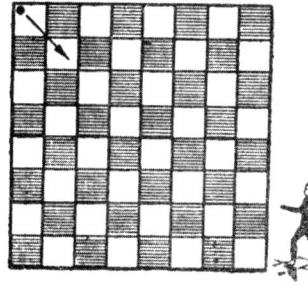

67. 禁酒时期【中级】

在禁酒时期,斯威夫特·奥布莱恩是芝加哥北部最聪明的烈酒走私者。现在我们看到斯威夫特正把班尼最好的 20 箱烈酒送到他的 4 个客户那里。他是这样分配的:

汉拉迪的酒吧获得的酒比荷兰人的咖啡厅多 2 箱。

埃德娜的海德威酒吧比萨尔的酒吧少了 6 箱。
萨尔的酒吧比汉拉迪的酒吧多 2 箱。
荷兰人的咖啡厅比埃德娜的海德威酒吧多 2 箱。
那么，这几个酒吧各自获得几箱酒呢？

68. 第一【中级】

我们战胜了无敌舰队，这是一场伟大的胜利，请大家原谅我的措辞，这场胜利使我们成为欧洲的老大，为了纪念它，我以我的名义创作了下面这道题：找出由同一个数字组成的两个数，这两个数不论相加还是相乘，结果都相同。

69. 打赌【中级】

把一副扑克牌分成两堆，确保其中一堆全是红色，另一堆全是黑色。然后，把这两堆扑克牌放在一起，彻底进行洗牌，最后把整副扑克牌放好。接下来，你宣布说你将一次从顶部拿走两张牌，并打赌：如果这两张扑克牌的颜色相同，你要输 2 元；如果这两张扑克牌的颜色不一样，那么，你要赢 1 元。

如果打这个赌，那么，这副扑克牌在每次玩完之后你至少会赚多少钱呢？

70. 幻方【中级】

那位优秀的代课老师——普里西拉·孙珊女士今天给我们上数学课。大家注意听啊!

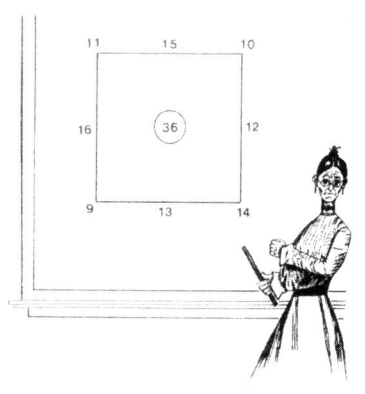

"你们的老师——特雷西先生告诉我你们需要在解答幻方上面多加练习。现在,我把9~16这几个数放在黑板上这个正方形的边的周围,同时,各边上的3个数字相加的结果都是36。你们的任务是将其中的8个数字重新排列,使各边上3个数字相加的结果都等于37。"

71. 书【中级】

第一个学者:"亨利·德朗普斯所著的《自然力奇术解密》的未删节版本上说,如果你吸足气就完全可以把很重的物体吹倒(比如,他举了魔术师派尼蒂的例子:这位魔术师在一本字典的顶部放了一大本书,然后只用了几口气就把两本书都吹翻了)。"

第二个学者:"他肯定不只是用气吹的,也许他还用了托盘呢!"

那么,你能帮这两位学者找出这个秘密的奥妙所在吗?

72. 牙签【中级】

73. 圣诞老人【中级】

这个很棒的思维游戏你可以等到下次圣诞派对时使用。右图的正方形里有两个圣诞老人，把这个正方形打印 12 份，然后交给你的客人。告诉他们这个圣诞老人思维游戏

要求把这个正方形切成4份,然后把它们重新拼成两个独立的正方形,而且每个正方形里各包括一个完整的圣诞老人。你能解决这个问题吗?

74. 装饰品【中级】

"罗莎琳德,那边塔顶上的奇怪装饰品究竟是从哪里弄来的呢?"

"怎么了,这个结构由18根棍子焊接而成,里面有9个三角形。有一个关于它的思维游戏,如果去掉其中的3根,那么可以剩下7个三角形。如果你能完成的话,我就让你在明天格斗的时候带我的手帕。"

那么,你能不能帮这个年轻人完成呢?

75. 圣诞节长袜【中级】

现在,大家可以发现我们今年为孩子们准备了两种尺寸的长袜。一种是"我很棒",另一种是"我非常棒"!哦,我的天哪!我想到一个思维游戏。那只大的长袜里的玩具数和小的长袜里的玩具数是由相同的数字组成的。同时,两个数的差是两个数相加的和的$\frac{1}{11}$。

那么,每只长袜里各有多少个玩具呢?

76. 为难人的扑克牌【中级】

在"为难人的扑克牌"当中,玩家对对方解答扑克难题的能力下注。佐伊用从1~9这9张方块牌在桌上摆成了一个扑克三角形,她让萨比拉把这几张扑克牌重新排列,使组成三角形的三个边上的任意4张扑克牌上的数相加的结果都等于23,三角形三个角上的每张扑克牌同时出现在两个边上。那么,你能解答这道题吗?

77. 手表【中级】

这个小个子的老钟表匠过来考验你对准确性和规律的把握能力。他从自己的名贵手表当中拿出9块,要求你将这些手表排成10个组合,每个组合3块。你能在15分钟之内解决吗?

78. 蚂蚁回家【高级】

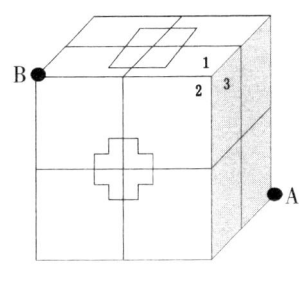

找4个立方体纸盒子堆成一个大立方体（如图所示）并标上相应的符号。

现在有一只蚂蚁在A处找到了食物，它要把食物搬回家（B）。因为食物比较重，小蚂蚁想找一条最近的路线，可是它冥思苦想怎么也想不出。你能帮助小蚂蚁找到这条路线吗？

79. 五碗巧搬【高级】

有5只碗，按大小次序叠好放在甲盘里，一次一只往丙盘里搬（如右图），大碗不能压小碗。试试应该怎样搬？

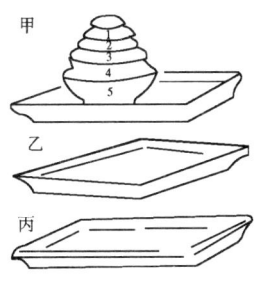

80. 猜猜主角【高级】

亚历克斯·怀特有两个妹妹：贝尔和卡斯；亚历克斯·怀特的女友费伊·布莱克有两个弟弟：迪安和埃兹拉。他们的职业分别是：亚历克斯是舞蹈家，迪安是舞蹈家，贝尔是舞蹈家，埃兹拉是歌唱家，卡斯是歌唱家，费伊是歌唱家。

6人中有一位担任了一部电影的主角，其余5人中有一位是该片的导演。（1）如果主角和导演是亲属，则导演是个歌唱家。（2）如果主角和导演不是亲属，则导演是位男士。（3）如果主角和导演职业相同，则导演是位女士。（4）如果主角和导演职业不同，则导演姓怀特。（5）如果主角和导演性别相同，则导演是个舞蹈家。（6）如果主角和导演性别不同，则导演姓布莱克。谁担任了电影主角？

答 案

1.

正确答案是一种。当然,用9个数字标签可以轻易地区分出狗宝宝,但是,即使只有一种卡片也是可以把狗宝宝区分开的。只要把方向和贴的部位区分开,不要说是9只,就是再多的狗宝宝也可以清楚地区分开。举个例子,比如我们把写有"1"的卡片,在第一只狗宝宝肚子上横着贴,在第二只狗宝宝背上竖着贴,以此类推……除此之外还有很多方法。

2.

离远一些。

3.

E。图形等于折叠成一半。

4.

选择了第一个头发七长八短的理发师。

5.

如图所示,把火柴棒竖起来当作小数点。还可以将一根火柴棒斜放在等号上,变成"不等于"。

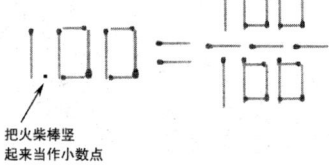

把火柴棒竖起来当作小数点

6.

由于亚历山大是深红色和白色外表(线索2),罗德·桑兹不是橄榄绿色(线索3),因此它是猩红色和黄色。而橄榄绿的机车是沃克斯·阿比,属于阿比类(线索1),并在1942年制造(线索3)。亚历山大不是越野类型的发动机（线索2），因此是商务车类型的，而越野类型的发动机是罗德·桑兹，它不是始于1909年（线索4），而是在1926年制造的，则1909年的机车是亚历山大。

答案：

亚历山大，商务车类，深红/白色，1909年制造。

罗德·桑兹，越野类，猩红/黄色，1926年制造。

沃克斯·阿比，阿比类，橄榄绿，1942年制造。

7.

由于那辆普乔特是黄色的（线索3），比尔清洗的红车不是福特车（线索1），因此得出红车是沃克斯豪，而福特车是蓝色的并属于派恩先生（线索2）。我们现在知道比尔清洗的是沃克斯豪，派恩先生的车是福特，所以罗里清洗的斯蒂尔先生的车（线索4）一定是黄色的普乔特。剩下卢克清洗的车是派恩先生的福特，最后排除法得出，比尔清洗的红色的沃克斯豪是科顿先生的。

答案：

比尔，科顿先生，沃克斯豪，红色。

卢克，派恩先生，福特，蓝色。

罗里，斯蒂尔先生，普乔特，黄色。

8.

由于赫尔拜店是家化学药品店（线索4），面包店不是罗帕店（线索1），因此一定是万斯店，而罗帕店是家零售店。这家店没有雇佣卡罗尔·戴（线索3）或艾玛·发，因为后者在面包店工作（线索2），所以他们雇佣的是安·贝尔，而卡罗尔·戴在赫尔拜化学药品店工作，但她的工作不是9月份开始的（线索4），艾玛·发也不是在9月份开始工作（线索1），因此9月份开始工作的一定是安·贝尔。艾玛·发开始工作的时间不是8月份（线索2），所以是7月份，而卡罗尔·戴开始工作的时间是8月份。

答案:

安·贝尔,罗帕店,零售店,9月份。

卡罗尔·戴,赫尔拜店,化学药品店,8月份。

艾玛·发,万斯店,面包店,7月份。

9.

灰色小马叫邦妮(线索3),属于贝琳达的褐色小马不叫维纳斯(线索1),所以一定叫潘多拉。黑色小马一定叫维纳斯,而维纳斯的主人姓郝克斯(线索2)。现在我们知道潘多拉的主人叫贝琳达,而维纳斯的主人姓郝克斯,所以费利西蒂·威瑟斯(线索4)必定是灰色小马邦妮的主人。得出凯蜜乐姓郝克斯,贝琳达姓梅诺。

答案:

贝琳达·梅诺,潘多拉,褐色。

凯蜜乐·郝克斯,维纳斯,黑色。

费利西蒂·威瑟斯,邦妮,灰色。

10.

布里奇特的职责是提供餐后甜点(线索4),洛蒂不是提供饮料的(线索3),所以她是提供主菜的,而内尔是提供饮料的。因此,根据线索2,洛蒂是56岁。内尔不可能是54岁(线索1),所以是52岁;布里奇特则是54岁。洛蒂已经工作了18年(线索3)。内尔的工作时间一定比16年长(线索1),所以内尔工作了20年,布里奇特工作了16年。

答案:

布里奇特,54岁,16年,餐后甜点。

洛蒂,56岁,18年,主菜。

内尔,52岁,20年,饮料。

11.

D。如果只通过大脑思考就能解决的话是最好不过了,不过画一个展开图

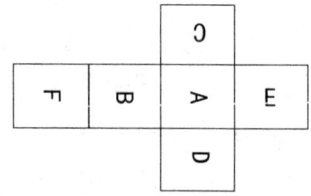

来看是比较常用的方法。

12.

2、3、8和10，每一排的圆圈都是沿着顺时针方向旋转90°。

13.

这位聪明的匪徒是从头目前两名开始数起的。当他点到第一个第七名时，一名弟兄就得救。再往下数，数到第二个第七名，又一名弟兄得救。依次点下去，弟兄们全部得救留在车上，最后一个第七名正好轮到狡猾的头目。

14.

如图：

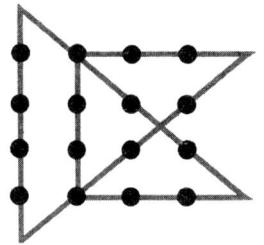

15.

6835。六边形在图形外面表示为"45"，在里面表示为"35"；圆在外面表示为"79"，在里面表示为"16"；正方形在外面表示为"68"，在里面表示为"24"。

16.

先从大桶中倒出5千克油到5千克的桶里，然后将其倒入9千克桶里，再从大桶中倒出5千克油到5千克的桶里，然后用5千克桶里的油将9千克的桶灌满。现在，大桶里剩有2千克油，9千克的桶已装满，5千克的桶里有1千克油。再将9千克桶里的油全部倒回大桶里，大桶里就有了11千克油。把5千克桶里的1千克油倒进9千克桶里，再从大桶里倒出5千克油，现在大桶里有6千克油，而另外6千克油也被分成了1千克和5千克两份。

17.

在"1~8"这8个数中，只有"1"与"8"各只有一个相邻数（分别是2与7），其他6个数都各有两个相邻数。图中的圆圈C，它只与H不相连，因此如果C填入了"2~7"中任意一个，那么只有圆圈H内可以填进它的相邻数，这显然不可能，于是C内只能填"1"（或"8"）。同理，F内只能填"8"（或"1"），A只能填"7"（或"2"），H只能填"2"（或"7"），再填其他4个数就容易了。

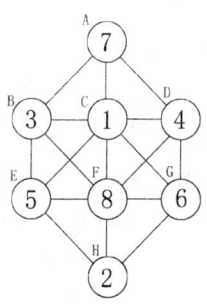

18.

埃德娜和鲍克丝夫人应为2号或3号（线索1），而克拉丽斯·弗兰克斯肯定不是4号（线索3），只能是1号。寄出3封信件的女人位于图中3或者4的位置（线索3）。线索2告诉我们邮筒两边寄出的信件数量相同，那么必将是寄5封信和寄2封信的人在邮筒一侧，寄3封信和寄4封信的人在另一侧，所以寄出4封信件的女人必将位于3或者4的位置。但只有一个人的信件数目和位置数相同（线索5），结果只可能是4号女人有3封信而3号女人有4封信。从线索5中知道，2号有2封信件要寄，剩下克拉丽斯·弗兰克斯是5封。我们知道埃德娜和鲍克丝夫人位于图中2或者3的位置，因此现在知道埃德娜是

2号,有2封信要寄出,而鲍克丝夫人是3号,有4封信,她不是博比(线索4),那么她就是吉马,剩下在4号位置的博比,不是斯坦布夫人(线索4),那么她只可能是梅勒,而斯坦布夫人是埃德娜。

答案:

位置1,克拉丽斯·弗兰克斯,5封。

位置2,埃德娜·斯坦布,2封。

位置3,吉马·鲍克丝,4封。

位置4,博比·梅勒,3封。

19.

朱莉娅是其中一位顾客(线索2)。29便士是2号售货员给4号顾客的找零(线索5),但是2号不是莱斯利(线索3),也不是杰姬,因为后者参与的交易是17便士的找零(线索1),因此2号肯定是蒂娜,4号是朱莉娅(线索2)。而朱莉娅不是买了洗发水的奥利弗夫人(线索2),那么奥利弗夫人肯定是3号。朱莉娅一定买了阿司匹林,她是阿尔叟小姐接待的(线索4),而阿尔叟小姐肯定是蒂娜。通过排除法,17便士的找零必定是1号售货员给3号顾客的,因此通过线索1,朱莉娅肯定是沃茨夫人,而剩下的1号售货员肯定是里德夫人,她也不是莱斯利(线索3),所以她只能是杰姬,最后得出莱斯利姓奥利弗。

答案:

1号,杰姬·里德,找零17便士。

2号,蒂娜·阿尔叟,找零29便士。

3号,莱斯利·奥利弗,买洗发水。

4号,朱莉娅·沃茨,买阿司匹林。

20.

亚瑟在图中位置3(线索4),从线索1中知道,看到翠鸟的不是位置1也不是位置4的人。位置2的那个小伙子周末和父亲玩了鳟鱼(线索5),因此,通过排除法,只能是位置3的亚瑟看到了翠鸟。另从线索 1 中知道，汤米在 2 号位置，且是玩鳟鱼的人。通过线索 3 知道，比利肯定在 1 号位置，而埃里克在位置 4。我们现在已经知道 3 个位置上人的姓或者所做的事，那么，听到布谷鸟叫的史密斯（线索 2）肯定是 1 号的比利。剩下埃里克只能是看到山楂开花的人。最后，从线索 5 中知道，汤米不是波特，那么他必定是诺米，剩下波特是看到翠鸟的亚瑟。

答案：

位置 1，比利·史密斯，听到布谷鸟叫。

位置 2，汤米·诺米，玩鳟鱼。

位置 3，亚瑟·波特，看到翠鸟。

位置 4，埃里克·普劳曼，看到山楂开花。

21.

麦克的姓是阿彻（线索 4），而克里福特不是约翰，他的马是海员赛姆（线索 2），他不可能是萨利（线索 3），那么他就是埃玛。艾塞克斯女孩是第二名（线索 1），第四名的马不是海员赛姆（线索 2），不是西帕龙（线索 4），则一定是蓝色白兰地。他的骑师不是理查德，理查德骑的也不是西帕龙（线索 3），我们已经知道了海员赛姆的骑师，那么理查德的马一定是艾塞克斯女孩。麦克·阿彻不可能是第一名的马的骑师（线索 4），而西帕龙不是第二，他也不在第三名的马上（线索 4），所以他肯定是第四名马匹的骑师，他的马是蓝色白兰地。因此，从线索 4 中知道，西帕龙是第三名，通过排除法，海员赛姆是第一名。从线索 3 中知道，萨利姓匹高特，则她的马一定是第三名的西帕龙。最后，剩下第二名的马就是艾塞克斯女孩，骑师是约翰·理查德。

答案：

第一名，海员赛姆，埃玛·克里福特。

第二名，艾塞克斯女孩，约翰·理查德。

第三名，西帕龙，萨利·匹高特。

第四名，蓝色白兰地，麦克·阿彻。

22.

范是坐计程车回来的（线索 3），巴里·沃斯不是坐警车回来的（线索 1），则一定是被救护车送回来的，因此他去的时候是步行（线索 4）。通过排除法，扎吉是坐警车回来的，他去的时候不是坐巴士去的（线索 2），那么只能是骑自行车去的，剩下范是坐巴士去的。因此扎吉不是乔安妮的姓而是罗宾的（线索 5），剩下乔安妮的姓就是范，后者去的时候坐巴士，回来时坐计程车。

答案：

巴里·沃斯，步行，救护车。

乔安妮·范，巴士，计程车。

罗宾·扎吉，自行车，警车。

23.

朱利叶斯是人物 A（线索 4），而哈姆雷特紧靠在理查德的右边（线索 3），不可能是人物 A 或者 B，他将饰演士兵（线索 3），他不可能是人物 C，因为人物 C 扮演孩童时代的马恩（线索 1），那么他必将是人物 D，理查德是扮演孩童时期的 C。我们现在知道 3 个人的名或者姓，因此安东尼·李尔王（线索 2）一定是 B。通过排除法，哈姆雷特肯定是约翰。安东尼·李尔王不扮演哲学家（线索 2），因此他肯定扮演青少年，而朱利叶斯扮演的是哲学家。最后，通过线索 1 知道，理查德不是曼彻特，他只能是温特斯，剩下曼彻特就是朱利叶斯，即人物 A。

答案：

人物 A，朱利叶斯·曼彻特，晚年。

人物 B，安东尼·李尔王，青少年。

人物 C，理查德·温特斯，孩童。

人物 D，约翰·哈姆雷特，士兵。

24.

布莱克在 1723 年 5 月当选（线索 2），安·特伦特是在偶数年份当选的（线索3）。1721年当选的皇后不姓萨金特（线索1），也不是沃顿，沃顿的父亲是铁匠（线索5），也不是索亚（线索6），也非米尔福德（线索7），因此只能是安德鲁。从线索4中知道，织工的女儿是在1722年当选的。教区长的女儿不是在1723年之后当选的，但是她也不是在1722年当选的，而布莱克在1723年入选，通过线索1也能排除教区长的女儿在1721年入选。因此，可以知道教区长的女儿就是布莱克，即1723年当选的皇后。从线索1中知道，萨金特是1725年当选的，而汉丽特是1727年的皇后。我们已经知道1721年的五月皇后安德鲁的父亲不是织工、教区长和铁匠，也不是箍桶匠（线索7），因为布莱克是在1723年当选的，所以安德鲁的父亲也不是旅馆主人（线索7）和茅屋匠（线索8），通过排除法，他只能是木匠，因此安德鲁就是苏珊娜（线索6）。通过线索6可以得知索亚是1722年当选的。箍桶匠的姓不是特伦特（线索3），也非米尔福德（线索7），我们知道他也不姓安德鲁、布莱克、索亚、沃顿，因此只可能是萨金特。从线索7中知道，汉丽特的姓不是米尔福德，她的父亲不是旅店主人（线索7），也不是铁匠，所以只能是茅屋匠。线索5告诉我们，铁匠的女儿不是1726年的五月皇后，通过排除法，她应该是在1724年当选的，而沃里特是教区长布莱克的女儿，她在1723年当选（线索5），剩下旅馆主人的女儿是1726年当选的，通过排除法，可以知道她就是安·特伦特。现在从线索7可以知道玛丽就是沃顿，1724年的皇后。织工的女儿不是比阿特丽斯（线索4），则肯定是简，最后剩下比阿特丽斯就姓萨金特，她是箍桶匠的女儿。

答案：

1721年，苏珊娜·安德鲁，木匠。

1722年，简·索亚，织工。

1723年，沃里特·布莱克，教区长。

1724年，玛丽·沃顿，铁匠。

1725年，比阿特丽斯·萨金特，箍桶匠。

1726年，安·特伦特，旅馆主人。

1727年，汉丽特·米尔福德，茅屋匠。

25.

雷蒙德往东走（线索3），从线索1中知道，骑摩托车去上高尔夫课的人不朝西走。去游泳的人朝南走（线索2），拍卖会不在西面举行（线索2），因此朝西走只可能是去看牙医的人。西尔威斯特坐出租车出行（线索5），不朝北走，同时我们知道雷蒙德不朝北走，安布罗斯也不朝北走（线索1和2），那么朝北走的只可能是欧内斯特。从线索4中知道，坐巴士的人朝东走。我们知道雷蒙德不去游泳，也不去看牙医，而他的出行方式说明他不可能去玩高尔夫，因此他必定是去拍卖会。现在通过排除法知道，骑摩托车去上高尔夫课的人肯定是欧内斯特。从线索1中知道，安布罗斯朝南出行去游泳，剩下西尔威斯特坐出租车往西走，去看牙医。最后可以得出安布罗斯开小汽车出行。

答案：

北，欧内斯特，摩托车，上高尔夫课。

东，雷蒙德，巴士，拍卖会。

南，安布罗斯，小汽车，游泳。

西，西尔威斯特，出租车，看牙医。

26.

图中3号游船是维克多的（线索4），从线索1中知道，海鸠不可能是游船4，有灰蓝色船帆的燕鸥也不是游船4（线索2）。线索5排除了海雀是4号的可能性，因此4号游船只能是埃德蒙的三趾鸥（线索6）。游船1不是海鸠也不是海雀（线索1），那么它一定是燕鸥。我们知道燕鸥的主人不是埃德蒙，也不是拥有白色帆游船的马尔科姆（线索1），那么只能是大卫，而剩下马尔科姆是游船2的主人。从线索1中知道，游船3是海鸠，而剩下游船2是海雀。三趾鸥的帆不是灰绿色的（线索3），那么肯定是黄色的，剩下海鸠是灰绿色的帆。

答案：
游船1，燕鸥，大卫，灰蓝色。
游船2，海雀，马尔科姆，白色。
游船3，海鸠，维克多，灰绿色。
游船4，三趾鸥，埃德蒙，黄色。

27.

村庄4的名字为克兰菲尔德（线索3），从线索5中知道，波利顿肯定是村庄2，那么利恩村肯定是村庄1，而剩下村庄3是耐特泊。村庄3的居民是出去遛狗（线索2），从线索5中知道，这个居民一定是丹尼斯。而婚礼发生在利恩村（线索5），参加婚礼的人住的村庄一定是村庄4，即克兰菲尔德，因此，现在从线索4中可以知道，西尔维亚一定住在村庄2，即波利顿村。现在我们已经知道了村庄2和村庄3的居民，以及村民4出行的目的，那么线索1中提到的去看朋友的波利一定住在利恩村。通过排除法，最后知道玛克辛住在克兰菲尔德，而西尔维亚出行的目的是去看望她的母亲。

答案：
村庄1，利恩村，波利，见朋友。
村庄2，波利顿村，西尔维亚，看母亲。
村庄3，耐特泊村，丹尼斯，遛狗。
村庄4，克兰菲尔德村，玛克辛，参加婚礼。

28.

照片A是帕丁顿（线索2），照片D不是鲁珀特（线索4），也不是泰迪（线索5），因此只能是布鲁马，来自天鹅湖动物园（线索1）。照片B不是格林斯顿的灰熊（线索3），也不是来自天鹅湖的熊。线索5排除了泰迪来自布赖特邦动物园的可能性，因为布赖特邦动物园的熊就在泰迪的右边，因此照片B上的熊一定来自诺斯丘斯特。现在，从线索5中可以知道，泰迪不可能在照片C上，因此，只能是照片B上的来自诺斯丘斯特的熊，而照片C则是鲁珀特。来自天鹅湖的布鲁马是一只眼镜熊（线索4），从线索5中知道，鲁珀特肯定是在布赖特邦动物园，剩下帕丁顿则是来自格林斯顿的灰熊。来自布赖特邦动物园的不是东方太阳熊（线索5），那么肯定是极地熊，最后剩下东方太阳熊肯定是照片B中的来自诺斯丘斯特动物园的泰迪。

答案：

照片A，帕丁顿，灰熊，格林斯顿动物园。

照片B，泰迪，东方太阳熊，诺斯丘斯特动物园。

照片C，鲁珀特，极地熊，布赖特邦动物园。

照片D，布鲁马，眼镜熊，天鹅湖动物园。

29.

卡萨得公主在一位王子的对面（线索5），那么吉尼斯公主一定在另外一位王子的对面，后者不是阿姆雷特王子（线索4），那么一定是沃而夫王子。从线索4中知道，按顺时针方向，他们房间分别是卡萨得公主、吉尼斯公主、阿姆雷特王子、沃而夫王子。从线索2中知道，吉尼斯公主的父亲是尤里天的统治者，而沃而夫王子的父亲则统治马兰格丽亚（线索4）。卡萨得公主的父亲不统治卡里得罗（线索5），那么他一定统治欧高连，通过排除法，阿姆雷特王子的父亲必定统治卡里得罗。从线索2中知道，卡萨得公主的父亲一定是阿弗兰国王，而吉尼斯公主的父亲统治尤里天，后者必定是国王西福利亚（线索3）。卡里得罗的阿姆雷特王子的父亲不是国王恩巴（线索5），那么必定是国王尤里，剩下国王恩巴是沃而夫王子的父亲。最后，从线索1中知道，阿姆雷特王子的房间是I，那么沃而夫王子的房间则是II，卡萨得公主的房间是III，而吉尼斯公主在房间IV中。

答案：

I，阿姆雷特王子，国王尤里，卡里得罗。

II，沃而夫王子，国王恩巴，马兰格丽亚。

III，卡萨得公主，国王阿弗兰，欧高连。

IV，吉尼斯公主，国王西福利亚，尤里天。

30.

B位置上的是9号选手（线索6）。万能选手6号不可能在A位置上（线索1），而C位置上的选手是乔希（线索4），线索1提示位置D上的不可能是万能选手，那么万能选手一定是C位置上的乔希。现在，从线索1中可以知道，帕迪一定是位置B上的9号选手。我们现在已经知道A不是乔希，也不是帕迪，线索5排除了艾伦，那么他只可能是尼克，他是乡村队的守门员（线索2），最后剩下艾伦在D位置上。现在，从线索5中知道，艾伦一定是7号，尼克则是8号，而艾伦一定不是旋转投手（线索3），那么他一定是快投，剩下旋转投手是帕迪。

答案：

选手A，尼克，8号，守门员。

选手B，帕迪，9号，旋转投手。

选手C，乔希，6号，万能。

选手D，艾伦，7号，快投。

31.

戒指1是马特·佩恩给的（线索2），戒指3价值20000英镑（线索4），那么紧靠雷伊给的戒指右边的那个价值10000英镑的戒指一定是戒指4。从线索1中知道，从雷伊那里得到的钻戒一定是戒指3，价值20000英镑。戒指1的价值不是25000英镑（线索1），那么它的价值肯定是15000英镑。通过排除法知道，戒指2的价值25000英镑。而戒指1上的不是翡翠（线索3），也不是红宝石（线索2），那么一定是蓝宝石。红宝石戒指价值不是10000英镑（线索2），那么一定是价值25000英镑的戒指2。剩下价值10000英镑的戒指4是翡翠戒指，它不是休·基恩给的（线索3），那么一定是艾伦·杜克给的，也就是说，休·基恩给了洛蒂价值25000英镑的红宝石戒指。

答案：

戒指1，蓝宝石，15000英镑，马特·佩恩。

戒指2，红宝石，25000英镑，休·基恩。

戒指3，钻石，20 000英镑，雷伊·廷代尔。

戒指4，翡翠，10 000英镑，艾伦·杜克。

32.

所有相同大小的正多面体都可以组成1个多面体环，除了正四面体。

33.

12岁的小孩不可能是大卫(线索1)、卡米拉(线索3)、本和卡蒂(线索5)，那么一定是杰茜卡，8岁小孩的小猪不是蓝色的(线索1)，也不是绿色(线索2)、黄色(线索4)或者白色(线索5)的，那么一定是红色的。小猪E不是蓝色(线索1)、绿色(线索2)、黄色(线索4)或者红色的(线索6)，那么一定是白色的。大卫的小猪储蓄罐不是红色的(线索1)，也不是蓝色(线索1)、绿色(线索2)或者黄色的(线索4)，那么白色的小猪E就是大卫的。红色小猪的主人8岁，不是卡米拉(线索3)，或者本(线索5)，那么肯定是卡蒂，那么本今年9岁，而白色小猪的主人大卫今年10岁(线索5)，通过排除法知道，卡米拉今年11岁。杰茜卡的小猪不是蓝色(线索1)，或者黄色的(线索4)，那么一定是绿色的小猪D(线索2)，而小猪C一定是黄色的(线索4)，A不是卡蒂的红色小猪(线索3)，那么只能是蓝色的，而红色的只能是小猪B。因此A是卡米拉的(线索3)，而通过排除法知道，C是本的小猪。

答案：

位置A，蓝色，卡米拉，11。

位置B，红色，卡蒂，8。

位置C，黄色，本，9。

位置D，绿色，杰茜卡，12。

位置E，白色，大卫，10。

34.

保罗·翰德是以斯帖的搭档（线索 4），因此玛蒂娜的搭档就是理查德，所以后者的花色就是红桃（线索 2）。从线索 1 中知道，拉夫坐北边的位置，手握方块花色。我们知道保罗·翰德的花色不是方块和红桃，而在西边位置的人手握黑桃（线索 3），那么保罗的一定是梅花，因此他不坐在南边（线索 5）。我们知道保罗不在北边，也不在西边（线索 3），那么只能在东边，而以斯帖则在西边，手握黑桃（线索 3 和 4）。通过排除法，理查德不在北边，那么一定在南边，而拉夫在北边的位置上，那么她就是玛蒂娜。以斯帖不姓田娜思（线索 3），那么一定姓启克，剩下田娜思的名字就是理查德。

答案：

北，玛蒂娜·拉夫，方块。

东，保罗·翰德，梅花。

南，理查德·田娜思，红桃。

西，以斯帖·启克，黑桃。

35.

到别尔·斯决住所的距离是 20 英里（线索 4）。距离有 25 英里的丹得宫不是别尔·里格林的（线索 3），在考克斯可布住的是别尔·笑特（线索 2），那么丹得宫一定是别尔·温蒂后的房子。我们知道别尔·斯决的住所不是丹得宫或者考克斯可布，也不是斯沃克屋（线索 4），那么只能是福卜利会馆。剩下别尔·里格林是斯沃克屋的主人，但它不是房子 4（线索 4），而福卜利会馆也不是房子 4（线索 1），丹得宫也不是（线索 3），那么考克斯可布一定是房子 4。从线索 1 和 3 中知道，丹得宫是房子 2，福卜利会馆是房子 1，剩下别尔·里格林的斯沃克屋是房子 3。从相同线索中知道，别尔·来格斯从福卜利会馆到丹得宫骑行了 25 英里，接着又骑行了 22 英里去了斯沃克屋。我们知道，最短的行程是 20 英里到别尔·斯决的房子，那么最长的距离就是到考克斯可布的 28 英里。

答案：

房子1，20英里到福卜利会馆，别尔·斯决。

房子2，25英里到丹得宫，别尔·温蒂后。

房子3，22英里到斯沃克屋，别尔·里格林。

房子4，28英里到考克斯可布，别尔·笑特。

36.

瓦利在5号只留了一瓶牛奶（线索4），从线索2中知道，1号收到的是2或者3瓶，而劳来斯本来应该收到的是3或者4瓶（线索2）。那天布雷特一家期望得到4瓶（线索1），劳莱斯本来应该收到3瓶，而1号当天收到了2瓶（线索2），那么收到了3瓶的克孜（线索3）应该住在3号或7号，汀斯戴尔一家也应该住在3号或7号（线索3）。克孜订的不止1瓶（线索3），我们知道她的也不是3或者4瓶，那么肯定是2瓶，因此她住在7号（线索5）。汀斯戴尔一家住在3号，从线索3中知道，他们订了1瓶牛奶，通过排除法，那天他们收到的是4瓶牛奶。从线索2中知道，瓦利在劳莱斯家放的不是2瓶，因此他们不住在1号，那么肯定住在5号，那天收到了1瓶。剩下布雷特一家住在1号，本来订了4瓶实际上只收到了2瓶。

答案：

1号，布雷特，订购4瓶，收到2瓶。

3号，汀斯戴尔，订购1瓶，收到4瓶。

5号，劳莱斯，订购3瓶，收到1瓶。

7号，克孜，订购2瓶，收到3瓶。

37.

颇里安娜的主人已经86岁，并且不可能住在4号别墅（线索1），又知道3号别墅的主人75岁（线索4），凯特的主人住在2号别墅（线索3），那么颇里安娜一定是1号别墅主人的猫。住在1号别墅的不是马乔里（线索1），也不是80岁的罗赞娜（线索2）和拥有尼克的塔比瑟（线索5），那么一定是格里泽尔达。这样可以知道2号别墅的主人 71 岁（线索 6），她的猫是凯特，剩下罗赞娜是 80 岁，并住在 4 号别墅里。3 号别墅的猫不是托比（线索 4），那么一定是尼克，并且 75 岁的塔比瑟住在 3 号别墅。通过排除法，凯特的主人是 71 岁的马乔里，而罗赞娜的猫是托比。

答案：

1 号别墅，格里泽尔达，86 岁，颇里安娜。

2 号别墅，马乔里，71 岁，凯特。

3 号别墅，塔比瑟，75 岁，尼克。

4 号别墅，罗赞娜，80 岁，托比。

38.

倒 6 次即可解决问题，有 4 种方法，其中一种如下图所示：

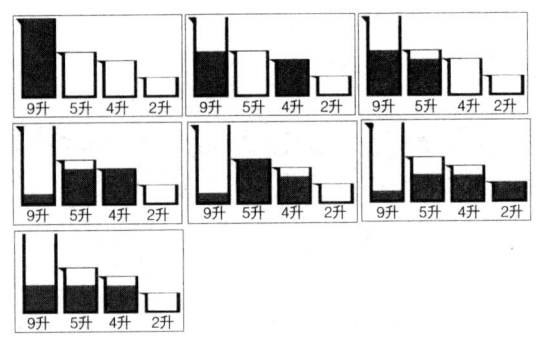

39.

最先出现的那条裂缝是图中间横向的一条，从正方形左边的中间向右延伸到右边离右上角 1/3 的地方。

通常要判断两个裂缝中哪个更早出现并不难：更早出现的裂缝会完全穿过这两个裂缝的交点。

40.

一个人先攀上软梯，另一个人待水齐到颈部时开始攀升。攀升速度与水涨的速度相等，使水的高度始终在人的颈部。借助水的浮力，软梯就可以负担两个人的重量了。

41.
3个人。

42.
A把枪丢到A和B之间,且枪离自己0.7米,离B 0.3米。这时C会比B先开枪,因为C为了防止B射杀自己,再捡枪射杀A(因为A的枪离B较近,所以B完全会这么做),所以只好射杀B。此时,A再捡回自己的枪(因为A离枪0.7米,而C离枪大于1米),这样就可以保命。

43.
把18切成两个"1"和两个"0"。

44.
因为是不等边三角形,翻成反面时会变形,因此,只要将翻成反面也不会变形的部分分割成几个等腰三角形,再缝合起来即可。要分割成数目最少的等腰三角形,如图所示,只要分割成4片就行了。

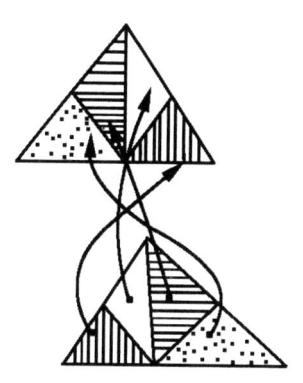

45.
这道题的秘密就在于两只手交叉时的位置。没有经验的人将两只手交叉时,手掌往往朝向身体,这样就会出现我们所描述的结果。要解决这个难题,要把右手的手掌向内转并把左手的手掌向外转,然后再抓住瓶塞。这样,两只手不仅不会相互交叉在一起,反而会轻而易举地分开。

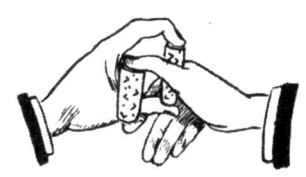

46.

中间数字为：6。

5＋6＋7
9＋6＋3
10＋6＋2
11＋6＋1
8＋6＋4

如下图所示：

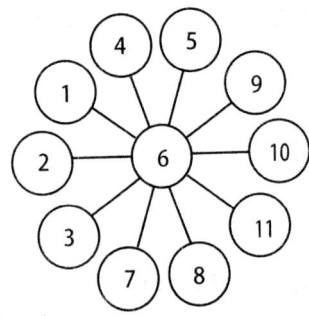

47.

这位船长当然就是诺亚了。他的那艘巨轮装载了来自世界各地的动物，这些动物自然不是为了出售。因为没有陆地，所以他根本无需担心风向问题，所有的港口都被水淹没，他最希望的就是找到陆地将船停泊。

48.

移动的步骤如下：从2号移到3号、从8号移到5号、从10号移到7号、从3号移到9号、从5号移到2号、从7号移到4号、从9号移到6号、从4号移到10号、从6号移到8号、从1号移到6号、从2号移到4号、从6号移到5号、从4号移到3号、从10号移到9号、从5号移到7号、从3号移到2号、从9号移到1号、从7号移到10号。

49.

这个问题的答案就是用分数来表示整数，比如 $3\frac{3}{3}$，即等于偶数4。

其他例子：$9\frac{9}{9}$，即偶数 10；$7\frac{7}{7}$，即偶数 8。

50.
这道题的解法有很多，下面是其中一个：

51.
第一个多米诺骨牌：上半部分有 6 个点；下半部分有 4 个点。
第二个多米诺骨牌：上半部分有 1 个点；下半部分有 1 个点。
第三个多米诺骨牌：上半部分有 1 个点。
第四个多米诺骨牌：上半部分有 1 个点；下半部分有 4 个点。
如图所示：

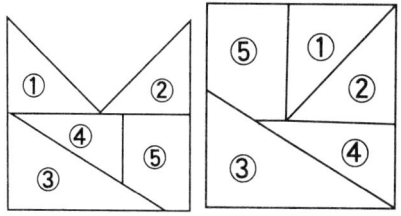

52.
答案如图所示：

53.

答案如图所示:

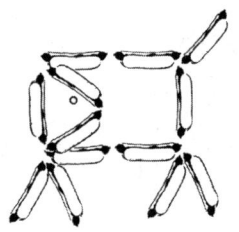

54.

在拿走玻璃杯之前,先把第二根火柴点着。然后,再用它点着支撑在两个玻璃杯之间的那根火柴;当这根也点着时,等一两秒钟,然后吹灭。稍等片刻,这根火柴就会熔贴在玻璃杯上。然后,你可以将另一侧的玻璃杯拿走,这时,这根火柴将会悬在空中。

55.

```
  96233
+ 62513
-------
 158746
```

56.

首先,测量瓶子内液体的高度。然后,将瓶子颠倒,再测量瓶子内空气柱的高度。将这两个高度相加,便得出一个虚构圆柱体的高度。现在,用液体的高度除以圆柱体的高度,这样便可以得出瓶内液体体积所占瓶子的百分比。如果虚构圆柱体的高度是5厘米,而液体高度是4厘米,那么,用4除以5,得出80%,即液体体积所占的百分比。

57.

答案为:从1号移到4号、从7号移到1号、从6号移到7号、从5号移到6号、从3号移到5号、从2号移到3号、从1号移到2号、从7号移到1号、从6号移到7号、从5号移到6号、从3号移到5号、从2号移到3号、从1号移到2号、从7号移到1号、从4号移到7号。

58.

将盒子的一边沿着桌边放置,并在桌子上留出与盒子一样宽的长度(即,a 的长度与 b 的长度相等,如图所示)。现在,拿起尺子,并将它放在桌子角的末端,然后,测量桌角与盒子后面左侧顶角的长度。那么这个长度与盒子主对角线的长度相等。

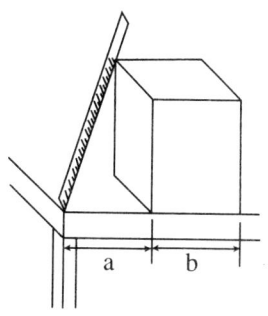

59.

当你拿起骰子之前,偷偷地把你的食指弄湿。接着,让这个手指将一个骰子的一个面沾湿。然后,把第二个骰子贴在那个骰子沾湿的一面上,用拇指与食指将两个骰子夹住,这样持续夹住两个骰子。接着,把它们放在桌上那个骰子的上面,并把手指松开,两个骰子将粘在一起,并会稳稳地停在下面的骰子之上。

60.

a→bc 是指 a 硬币从位置 a 移到另一个地方,它在那里可以与另外两个硬币 b 和 c 相接触。本题移动的步骤为:1→56、3→14、4→58、5→23、2→54。

61.

如果你有浓密的头发,那么它会有助于你解决这道题。拿出你的梳子在头上梳几下,然后把梳子往下放,并使梳子齿放在胡椒粉的上方。这样,胡椒粉就会从盐里分离并吸附在带电的梳子上,原因在于你在梳头时将静电传到了梳子上。

62.

按照如图所示的样子将 4 张扑克牌放在一起,每张扑克牌的右上角都彼此相互重叠,就能显出 16 个牌点了。

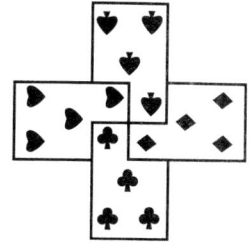

63.

解决这道题之前,先把这个圆柱体想象成一个展开的平面(如右图所示)。苍蝇的位置在F点,蜘蛛的位置在S点。将左边的线段延长1厘米至B点,线段BS与图中顶端线段相交于A点,而这个点就是蜘蛛应该从圆柱体边上经过的地方。蜘蛛行走的

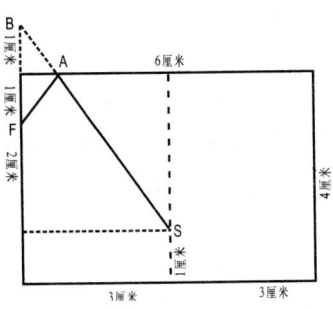

路线就是一个直角三角形的斜边,这个三角形底边长4厘米、高3厘米。这样,斜边长为5厘米,这是蜘蛛所能走的最短路线。

64.

这位大三学生需要10 652元。

$$\begin{array}{r} \text{SEND} \\ +\ \text{MORE} \\ \hline \text{MONEY} \end{array} \quad \begin{array}{r} 9567 \\ +\ 1085 \\ \hline 10652 \end{array}$$

65.

女儿将炮弹作为平衡物先下去,然后国王和儿子把上面篮子里的炮弹取出来,让儿子下去,这时让女儿作为平衡物。接着,让炮弹单独下去,当它落地时,让儿子和炮弹作为平衡物,他们的合力可以使国王下来。然后王子从篮子里出来,再让炮弹单独下去。接着,女儿下去,炮弹上来。儿子再把炮弹取出来,然后单独下来,他的妹妹上去。女儿接着把炮弹放在另一个篮子里,使自己降落到地面上。

66.

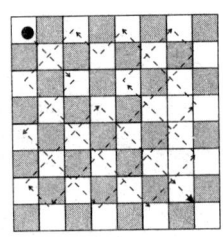

67.

斯威夫特是按如下方式分配酒的:

萨尔的酒吧获得 8 箱——比汉拉迪的酒吧多 2 箱。

汉拉迪的酒吧获得 6 箱——比荷兰人的咖啡厅多 2 箱。

荷兰人的咖啡厅获得 4 箱——比埃德娜的海德威酒吧多 2 箱。

埃德娜的海德威酒吧获得 2 箱——比萨尔的酒吧少 6 箱。

68.

这两个数分别是 11 和 1.1。这两个数不论相加还是相乘,结果都是 12.1。

69.

打这个赌,每副牌你都会赢 26 元。每对儿扑克牌的确是一张红、一张黑。因为每堆扑克牌底部的扑克牌颜色不同,所以当你洗牌时,扑克牌都是交互排列的。你自己不妨试试看。但是,你只能洗一次牌。

70.

答案如下图所示:

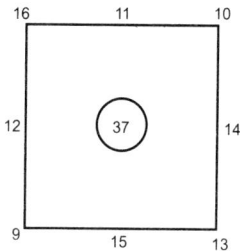

71.

拿一个结实的纸袋子放在桌子上,使开口的那边朝向自己。接着,把这两本书压在袋子的另一边。现在,你要做的就只是往袋子里吹气,但是袋子要贴紧嘴巴,保证不漏气。只要使劲吹两下,书肯定会倾斜并翻倒。

72.

将原图中最右边的 3 根牙签移到下图中的新位置上,这样,图中就有 9 个小正方形、4 个由 4 个小正方形组成的中等正方形以及 1 个由 9 个小正方形组成的大正方形,一共是 14 个正方形。

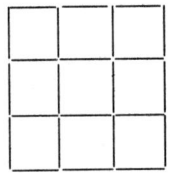

73.

拿起笔和尺子,将正方形画成 25 个小正方形(如图 1 所示)。再将正方形切成 4 块儿(沿着深色线切),把这 4 块儿标成 1~4 部分。如果你按照图 2 和图 3 将这 4 部分重新拼的话,那么,你会拼成 2 个正方形,而每个正方形都各有一个完整的圣诞老人。

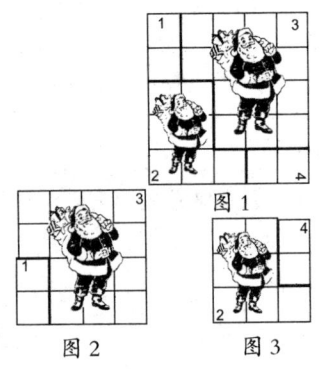

74.

图中虚线所示的 3 根棍子就是应从图形上拿走的棍子。这之后图形上就剩下 3 个小三角形、3 个中型三角形以及 1 个包括所有三角形的大三角形。毕竟,这位女士并没有指明这 7 个三角形必须一样大。

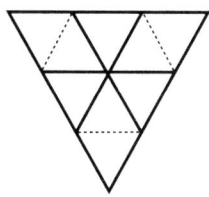

75.

大的长袜里有 54 个玩具,小的长袜里则有 45 个玩具。54 正好是 45 的翻版。两只袜子里的玩具总和为 99,其 $\frac{1}{11}$ 为 9,即两只长袜里玩具个数的差。

76.

这个题有几种排列方式,下图中的答案是其中之一。

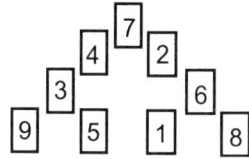

77.

答案如下图所示:

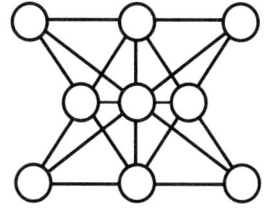

78.

将立方体展开(如下图所示),A 和 B 的连线就是最短的路线。

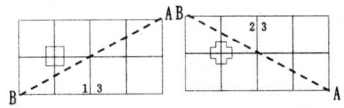

79.

1入丙;2入乙;1入乙;3入丙;1入甲;2入丙;1入丙;4入乙;1入乙;2入甲;1入甲;3入乙;1入乙;2入乙;1入乙;5入丙;1入甲;2入丙;1入丙;3入甲;1入乙;2入甲;1入甲;4入丙;1入丙;2入乙;1入乙;3入丙;1入甲;2入丙;1入丙。

80.

根据陈述中的假设,(1)和(2)中只有一个符合实际情况。同样,(3)和(4)、(5)和(6)也是两个陈述中只有一个符合实际情况。根据陈述中的结论,(1)和(5)不可能都符合实际情况。同样,(2)和(3)、(4)和(6),也是两个陈述不可能都符合实际情况。因此,要么(1)、(3)和(6)组合在一起符合实际情况;要么(2)、(4)和(5)组合在一起符合实际情况。如果(1)、(3)和(6)符合实际情况,则根据这些陈述的结论,导演是费伊,一位布莱克家的女歌唱家。于是,根据陈述中的假设,担任电影主角的是埃兹拉,一位布莱克家的男歌唱家。如果(2)、(4)和(5)符合实际情况,则根据陈述中的结论,导演是亚历克斯,一位怀特家的男舞蹈家。于是,根据陈述中的假设,担任电影主角的是埃兹拉,一位布莱克家的男歌唱家。因此,无论是哪一种情况,担任电影主角的都是埃兹拉。

挑战大脑的侦探推理游戏

1. 一片沉寂

　　警长罗斯的别墅同哈利的寓所相距不远。一天夜里，突然一声枪响。罗斯闻声往外跑，正碰上哈利。哈利喊道："托尼被枪杀了！"

　　罗斯边走边听哈利诉说："托尼是我的客人。刚才我俩正看电视，突然电灯全灭了，我正要起身查看原因，前门开了，闯进一个人来，对着托尼开了两枪，没等我反应过来，那人已无影无踪了。"

　　进入寓所，罗斯发现房间里很黑，用手电照着托尼，他已死去。罗斯到车库里把被人拉开的电闸合上，房间里的灯立刻亮了。

　　第二天，名探洛克听着警长罗斯复述在现场所见的，问道："开闸后电灯亮了，这时寓所里还有什么响动？"

　　罗斯说："一片沉寂。"

　　洛克说："够了。哈利涉嫌谋杀成立。"

　　请问：洛克为什么做出这一判断？

侦探小助理

讲述人	时间	地点	事件	侦查手段	证据及线索	关键点
警长罗斯	一天夜里	哈利的寓所	托尼被枪杀	现场查看、推理	①案发当时电闸被关上；②电闸合上以后一片沉寂	电视

2. 等鱼上钩

　　一日，张生投店住宿。半夜，有人用他的刀杀了店主，之后又把刀插回原鞘。

　　张生并未察觉，次日清晨就离开了客栈。天亮后，店里人见主人被害，把张生追回，查看佩刀，只见鲜血淋漓。张生瞠目结舌，无法辩白，被送到官府，重刑之下，只好招认店主是自己杀的。

　　主审官觉得有些可疑，便下令把当夜在店中的15岁以上的人都招集起来，然后又把他们放了，只留下一个老妇人。每天如此，几天之后，罪犯便自投罗网。

试问，这是什么道理呢？

3. 寓所劫案

一个画家的寓所遭到抢劫，警方立即赶到现场。他们发现大门是开着的，就在他走进大厅时，突然听见从卧室传来阵阵痛苦的呻吟声，进去一看，原来画家身负重伤倒在地上。

画家忍痛发出微弱的声音："快……地道……"说着右手吃力地指向床底，警方随着他指的方向发现有一块板子，下面就是地道，大概作案人是从这里逃出去的！但是警方却没有找到这个地道的开关。

就在这时，画家又用十分微弱的声音吃力地说道："……开……关……掀……米……勒……"说完就断气了。

警察反复地琢磨着"……开……关……掀……米……勒……"这句话，然后环顾了一下四周，发现房间里有一幅米勒的画像，还有一架钢琴。

警察立即认定开关设在米勒的画像后面。可是他们将画像掀开后，却没有找到开关。

就在这时候，一位警察灵机一动，找出开关之所在，并沿着地道一路追踪，将罪犯抓获。

请问，你知道地道的开关设在哪里了吗？

侦探小助理

讲述人	时间	地点	事件	侦查手段	证据及线索	关键点
一名画家	某天	画家的寓所	画家寓所遭到抢劫	人证、推理	①"开关掀米勒"；②房间里有一幅米勒的画像，还有一架钢琴	琴键

4. 不早不晚，正好七点

早晨，当埃里森探长赶到凶杀案现场时，屋里的挂钟正"当当"地响了七下。探长下意识地抬腕看了看自己的手表，不早不晚，正好七点。已在现场调查取证的一位侦探报告说："经过仔细检查，没有发现其他证据与线索，除了这盘磁带。它是最重要的证据，显示受害人被杀的时间是昨天晚上 10 时 6 分。"

原来，侦探们接到报案赶到案发现场后，在一台收录机中发现了一盘未被取走的磁带。侦探们倒带听了一下录音，立刻就发现了这一重要线索。

"噢，那么准确？"埃里森探长随口问了一句。

"磁带中录的是昨晚曼联和阿森纳两支英超球队的比赛实况。就在曼联球员攻入制胜的第三个进球的时候，磁带中突然响起了枪声，一共是两声，接着就是一阵呻吟声。经与负责昨晚电视转播的电视台确认，当时的时间是 10 时 6 分。"

"如果事情果然是这样的话，这是第二现场。"埃里森探长示意再听一下录音带。

"不会吧？我们听了好几遍了。"

请问：你知道埃里森探长为什么这么肯定吗？

侦探小助理

讲述人	时间	地点	事件	侦查手段	证据及线索	关键点
一位侦探	早晨七点	案件现场	凶杀案	物证、推理	①埃里森探长听到屋里的挂钟响了七下；②磁带中录有球赛实况并且有枪声	钟声

5. "幽灵"的破绽

皇家大旅馆经理贝克斯刚要下班回家，襄理苏顿匆匆走进他的办公室，向他汇报说："刚才接到警方通知，'旅馆幽灵'已经来到本市，可能住进我们的旅馆，让我们提高警惕。"

贝克斯一惊："这个'幽灵'有什么特征？"

苏顿说："据国际刑警组织掌握的材料，他身高在1.62~1.68米之间，惯用的伎俩是不付账突然失踪，紧接着旅客发现大量钱财失窃。他还经常化名和化装。"

贝克斯摇摇头说："我们该怎么办？如果窃贼真的住在我们旅馆里的话，你要多加防范。昨天电影明星格兰包了一个大套间，她戴了那么多珠宝，肯定是个目标。大后天早晨还有8位阿拉伯酋长来住宿，你派人日夜监视，千万别出差错。"

"是的，我已经采取了措施。"苏顿说，"我们旅馆有4个单身旅客，身高都在1.62~1.68米之间。第一个是从以色列来的斯坦纳先生，经营水果生意；第二个是从伦敦来的勃兰克先生，行踪有些诡秘；第三个是从科隆来的企业家比尔曼；第四个是从里斯本来的曼纽尔，身份不明。"

"这么说，其中每个人都有可能是'旅馆幽灵'？"

"是的，但您放心，我一定不让窃贼在这儿得手。"

第三天上午，8位阿拉伯酋长住进了旅馆。苏顿在离前台不远的地方执勤，暗中观察来往旅客。斯坦纳先生从楼上走到大厅，在沙发上坐下，取出放大镜照旧读他从以色列带来的《希伯来日报》。10时，勃兰克和曼纽尔相继离开了旅馆。10时10分，电影明星格兰小姐发现她的手镯、珠宝都不见了。苏顿顿时紧张起来，一边向警察报案，一边在思考谁是窃贼。

这时，他又把眼光落在斯坦纳身上。斯坦纳好像根本不知发生了什么事，仍正襟危坐，聚精会神地借助放大镜看他的报，从左到右一行一行往下移。突然，苏顿眼睛一亮，把斯坦纳请到了保卫部门。

一审讯，果然是斯坦纳作的案。

请问：苏顿是怎样看出斯坦纳伪装的破绽的？

6. 小福尔摩斯

本杰明是一名普通的六年级学生。不过，他认为自己是个小福尔摩斯。一天，在路上散步时，他注意到有两个人正在争论着什么，就跑过去看看是怎么回事。本杰明认出这两个人是他的同学杰里米和雅各布。杰里米正在指责雅各布杀死了他最心爱的宠物——蟑螂！雅各布则辩解说："今天早晨，杰里米让我帮他照看一下他的蟑螂，所以我一天都把它带在身边。大约半小时以前，我发现蟑螂好长时间没有动弹了。我拍了拍笼子，它毫无反应，于是我就打电话给杰里米。当时，蟑螂就像现在这个样子。可是，杰里米却说我杀了他的蟑螂。真是好心没好报！"

本杰明看了看背上还带有光泽的蟑螂尸体，想了一会儿，最终断定的确是雅各布杀死了蟑螂。

他是怎么知道的？

侦探小助理

讲述人	时间	地点	事件	侦查手段	证据及线索	关键点
杰里米	某天	路上	杰里米将宠物蟑螂交给雅各布照看，蟑螂死了	物证、分析	蟑螂背上显现出的光泽	蟑螂背部

7. 三个嫌疑犯

法院开庭审理一起盗窃案件，3个嫌疑犯A、B、C被押上法庭。

负责审理这个案件的法官是这样想的：肯提供真实情况的不可能是盗窃犯；与此相反，真正的盗窃犯为了掩盖罪行一定会编造口供。因此，他得出了这样的结论：说真话的肯定不是盗窃犯，说假话的肯定就是盗窃犯。审判的结果也证明了法官的这个想法是正确的。

审问开始了。

法官先问 A："你是怎样进行盗窃的？从实招来！" A 叽里咕噜地回答了法官的问题，因为他讲的是某地的方言，法官根本听不懂他讲的是什么意思。法官又问 B 和 C："刚才 A 是怎样回答我的提问的？" B 说："法官大人，A 的意思是说，他不是盗窃犯。" C 说："法官大人，A 刚才已经招供了，他承认自己就是盗窃犯。"

听了 B 和 C 的话之后，这位法官马上断定：B 无罪，C 是盗窃犯。

请问：法官为什么能根据 B 和 C 的回答做出这样的判断？A 到底是不是盗窃犯呢？

8. 拿走了一颗珍珠

侦探威尔正在因特网上冲浪，这时他的信箱里突然收到了一封紧急求助信。写信的是他的朋友百万富翁福斯特。

"威尔，我需要你的帮助。你知道，我有一个非常名贵的卢米埃尔首饰盒。这是著名的工艺大师卢米埃尔的杰作，在他去世之前，他总共只完成了四个这样的首饰盒。很幸运，我得到了其中的一个。我在首饰盒里放的是一串珍珠项圈，上面有整整 100

颗珍珠。我总是把锁首饰盒的金钥匙挂在脖子上。昨天我举办了一场宴会,其间把首饰盒拿出来给大家欣赏,因为它本身就是一件珍宝。然后,有人想看看这个小小的首饰盒里面放的项圈。于是我拿出钥匙准备开盒子。令我惊讶的是,首饰盒上的金锁居然被弄坏了,好像有人想强行打开它一样!我的金钥匙不管用了,所以我只能把金锁撬开。项圈还在盒子里面,我松了一口气。不过你知道,我是个疑心很重的人,所以我又数了数项圈上面的珍珠。奇怪的是,只有99颗!我数了两遍,都是这样。那个窃贼一定是设法打开了首饰盒,同时还弄坏了那把很值钱的金锁,可是却只拿走了一颗珍珠,然后又把它锁上了。你说奇怪不奇怪?威尔,请帮帮我。我该怎么做呢?"

威尔读完了信,上网查了查关于卢米埃尔首饰盒的信息,并在一张纸上记下了3个名字。然后,他开车去了福斯特的别墅,向福斯特要了一份参加宴会的客人名单,与他自己的名单对了对。上面有一个名字是相同的。

威尔对福斯特说:"我认为这个人就是窃贼!"

威尔是怎么知道的?他手上的那份名单是什么?窃贼为什么只拿走了一颗珍珠?

侦探小助理

讲述人	时间	地点	事件	侦查手段	证据及线索	关键点
百万富翁福斯特	某天	一场宴会上	福斯特的珍珠项圈少了一颗珍珠	物证、情景再现	①首饰盒上的金锁不能用金钥匙打开;②珍珠项圈上的珍珠只少了一颗	首饰盒

9. 藏珠宝的罐头

一个夏日的清晨,波兰卡尔拉特市警方得到了可靠的情报,一个化名为米希洛的法国走私集团的成员，从华沙市及维瓦尔市弄到许多珠宝，装在一听柠檬罐头里面企图蒙混出境。

该罪犯所带的罐头外形、商标和重量与正常的罐头完全一样。为了查获珠宝罐头，女警官尼茨霍娃奉命前去海关协助检查。临行时，局长再三强调，一定不能损坏出境者的物品，以免万一判断失误，造成不良国际影响。

尼茨霍娃警官驱车来到海关后，开始注意带罐头的外国人。果然不出所料，"目标"已到了海关。在接受检查时，那个化名为米希洛的人，出境时带着12听罐头，都是柠檬罐头。尼茨霍娃知道，靠摇晃罐头无济于事。于是她佯笑地问："先生，你带的全是柠檬果汁吗？"

"当然是。"米希洛彬彬有礼地含笑回答，毫无异色。

尼茨霍娃警官淡淡一笑，使了一招，然后取出其中一听罐头厉声问道："这听不是柠檬果汁！"打开一看，果然是珠宝。那个化名为米希洛的走私犯低下了头。

你知道女警官尼茨霍娃采取什么妙法，查出了藏珠宝的柠檬罐头吗？

侦探小助理

讲述人	时间	地点	事件	侦查手段	证据及线索	关键点
警方	一个夏日的清晨	海关	嫌疑人走私珠宝	物证、分析	嫌疑人称所有罐头都是柠檬果汁	罐头

10. 那个人就是罪犯

一天晚上，一位教犯罪学的女士阿格瑟从学校回家，途中发现一家珠宝店被抢。店员告诉她，抢劫犯是个身穿晚礼服的男子。

阿格瑟一面安排报警，一面查看了店的四周及那一段街道，发现一辆小车停在那里，一个人伏在方向盘上。她走上去，看见那个人确实穿着晚礼服。阿格瑟叩开车门，那个人从车内探出头来。

"我要调查一桩抢劫案，"她说，"警察马上就到。请你告诉我，你在这里干什么？"

那人回答道："我在等我弟弟，我们将去参加一个婚礼。"

阿格瑟说："一个身着晚礼服的人抢劫了一家商店。"

那人气愤地说："那与我无关。假如我抢劫了珠宝店，难道我还会这样的装束，等你来抓我吗！"

阿格瑟说："走，到法庭去辩论吧！"

阿格瑟为什么这样说？

11. 智寻窃贼

美国 GH 公司的经理金斯先生从巴黎返回旧金山，他从机场直接回到公司，刚刚走进办公室，女秘书就跟进来说她女儿今天生日，特来请假回家。金斯掏出钱夹，从里面抽出 20 美元，让她给女儿买件

生日礼物表示祝贺，顺手将钱夹放在桌上，然后打了几个电话，处理了这几天积压的工作，其间办公室里来人不断。金斯处理完工作回到家时，发现自己的钱包遗忘在办公室了。他急忙返回公司，这时离下班还有 10 分钟，全体员工仍在工作，金斯先生推开办公室的门，钱包还放在桌上，但里面的 1.9 万美元和各种证件不翼而飞了。

金斯先生赶紧给他的好友劳思探长打电话，请他来帮忙找回丢失的钱物。不一会儿，劳思赶到公司，说有办法找到窃贼。他将所有

的员工召集起来，说："今天你们的老板将钱包放在办公桌上，钱包里的钱和证件被人偷走了，遗憾的是窃贼不知道这是金斯先生设下的一个圈套，他想借此考察公司职员的忠诚。现在我们已经知道这个窃贼是谁了。"金斯接过话说："我请劳思探长来，不仅要这个贼当众出丑，而且要让大家明白法律对盗窃罪的严厉惩处。"话音刚落，场内一片喧哗。

劳思探长又说道："现在我给每人发一根草棍，只有一根稍长一些，金斯先生已暗示我把这根草棍发给那个窃贼，你们互相比比草棍的长短，就知道谁是窃贼了。"

不一会儿，果真找出了窃贼，并从他的柜子中搜出了丢失的钱和证件。

劳思是怎样找到窃贼的？

侦探小助理

讲述人	时间	地点	事件	侦查手段	证据及线索	关键点
金斯先生	某天	金斯办公室	钱包里面的1.9万美元和各种证件不翼而飞	观察、心理剖析	劳思探长说只有给窃贼的那根草棍稍长一些	心理

12. 警员与警长

傍晚，一位男士冲向马路中间拦车，原来是他母亲心脏病突然发作。一辆救护车从东向西飞驰而来，男士拦下了车，可司机却说他们要去接一名生命垂危的病人，没时间救他母亲。这位男士便同司机大吵起来。

这时，一辆去城西堵截三名抢劫银行歹徒的警车正好经过，见这里交通堵塞，他们便去疏通。最后，司机只好让车上的两名医生下去,将昏迷的患者抬上担架。

当警长看到患者被头朝外、脚朝里地抬上救护车时,立即下令将他们抓了起来,并从车上的急救箱中搜出整捆的钞票。原来他们就是那三名抢劫犯。

事后,警员们问警长:"你怎么知道他们就是歹徒呢?"

警长微笑着说:"这是一个常识性的问题,你们自己去想吧!"

13. 赃物藏在何处

在打击贩毒分子的活动中,警方歼灭了一个犯罪团伙,在罪犯的口袋中,警方搜到一张纸条,上面写着:"某日下午三点,货在某区云杉树顶。"警方迅速赶到现场查看,发现这棵树并不高,而且货物明显不在树顶。于是,他们重新认真推敲那句话的意思,最后终于在正确的位置将货物取出。

你知道正确位置是哪里吗?

14. 银行抢劫案

一家银行发生了一起抢劫案,劫匪抢走了保险柜里的几万美元,然后劫持了银行的助理会计斯通先生,坐进小汽车里逃跑了。

不久,警察接到电话,是斯通先生打来的,他说自己已经成功地从劫匪那儿逃跑了。他向警长讲述了自己的经历:"我刚走进银行,三个蒙面的劫匪就冲了过来,用枪指着我,逼我打开了银行的保险柜。他们把里面的钱洗劫一空之后,还把我拖上汽车,然后就发动汽车向外逃走了。"

"那你是怎么逃出来的呢?"警长问道。

"离开银行之后,一个劫匪就把抢来的钱从银行的钱袋里倒出来,放到一个他们自己准备的包裹里。然后,他们把钱袋扔出了车窗。又过了两个街区,正好碰上了红灯,车子停住了。我瞅准机会,突然打开车门,从车里跳了出来,然后飞快地跑到最近的一所房子里。很幸运,劫匪没有追赶我,他们继续逃跑了。"

"请你领我们沿着刚才劫匪逃跑的路线回到银行去,看看路上有什么线索吧。"

"好的。"斯通先生说完,跟着警长坐进警车,往银行的方向开去。不久他叫了起来:"就是这里!钱袋就在这里!"他们停下车,捡起钱袋,然后继续往银行开去。过了几分钟,他们来到了一个红绿灯前。"这就是我逃跑的地方。"斯通先生说。

警长拿出手铐,将斯通先生铐了起来。"别再编造故事了,快告诉我们你是如何勾结劫匪抢银行的吧!"

警长为什么那么肯定斯通先生参与了这起抢劫案?

侦探小助理

讲述人	时间	地点	事件	侦查手段	证据及线索	关键点
助理会计斯通	某天	一家银行	劫匪抢走了保险柜里的几万美元,并挟持了斯通	情景再现、推理	斯通描述的劫匪的动作顺序	钱袋位置

15. 谁是劫匪

警官墨菲在街上巡逻时忽然听到争吵声，于是他上前查看，原来有两个男子正在争夺一块手表。这两个男子中有一个身体强壮，穿着十分得体，好像是个白领，而另外那人则身体消瘦，还穿着一条短裤，看模样像是一个蓝领工人。

看到墨菲，两人连忙停手，转而向墨菲诉说起事情的经过。身体消瘦的男子说："我下班回家时，这个人突然走过来，想强抢我的手表。"身体强壮的男子则对墨菲说："你不要相信他的鬼话。这只手表很名贵，这个人怎么有资格戴呢？"

墨菲仔细看了看这两个男子，然后拿起手表看了看。接着，他掏出手铐，铐住了身体强壮的男子，并将手表交给身体消瘦的男子。

请问：墨菲为什么能断定身体强壮的男子是劫匪？

16. 谍报员与定时炸弹

某谍报员正躺在床上看杂志，突然觉得耳边有一种奇怪的声音在响，起初还以为听错了，可总觉得有指针走动的声音。自己所使用的闹表是数字式的，所以不会有声响。一种不祥之兆涌向心头，谍报员顿时不安起来，马上翻身起来查看。

果然不出所料，床下被安放了炸弹，是一颗接在闹表上的定时炸弹。一定是白天谍报员外出时，特务潜进来放置的。这是一种常见的老式闹表,定时指针正指着4时30分。现在距离爆炸时间,只剩下5分钟。

闹表和炸弹被黏合剂固定在地板上,根本拿不下来。连接闹表和炸弹的线,也被穿在铝带中用黏合剂牢牢粘在地板上,根本无法用钳子取下切断。而且,闹表的后盖也被封住了,真是个不留丝毫空子的老手。

谍报员有些着急了。这间屋子是公寓的5层,不能一个人逃离了事。如果定时炸弹爆炸,会给居民带来很大的恐惧。时间一分一秒地过去,谍报员决定自行拆除,他钻进床下,用指尖轻轻敲动闹表字盘的外壳。外壳是透明塑料而不是玻璃制的,并非轻易就能取下来。万一不小心,接通电流,就会有提前引爆炸弹的危险。

谍报员思索了一下,突然计上心来。在炸弹即将爆炸的前一分钟,终于拆除了定时装置。你知道谍报员采用的是什么方法吗?

17. 大侦探罗波

这是个蓝色的、明亮的夜晚。

大侦探罗波正驾着一辆小轿车在郊外的大道上飞驰。在明亮的车前大灯的照耀下,他猛然发觉有个男子正匆匆地穿越公路,只得"嘎"的一下急刹住车。

那男子吓得像定身法似的在他的车前站住了。

罗波跳下车关切地问道:"您没事吧?"

那人喘着粗气说:"我倒没事。可是那边有个人正倒在动物

园里,他恐怕已经死了,所以我正急着要去报案。"

"我是侦探罗波,你叫什么名字?"

"查理·泰勒。"

"好,查理,你领我去看看尸体。"

在距公路大约100米处。一个身穿门卫制服的男子倒在血泊之中。

罗波仔细验看了一下尸体说:"他是背后中弹的,刚死不久。你认识他吗?"

查理说:"我不认识。""请你讲讲刚才所看到的情况。""几分钟前,我在路边散步时,一辆小车从我身边擦过,那车开得很慢。后来我看到那车子的尾灯亮了,接着听到一声长颈鹿的嘶鸣,我往鹿圈那边望去,只见一只长颈鹿在圈里转圈狂奔,然后突然倒下。于是,我想过去看个究竟,结果被这个人绊了一跤。"

罗波和那人翻过栅栏,跪在受伤的长颈鹿前仔细查看,发现子弹打中了它的颈部。

查理说:"我想可能是这样,凶手第一枪没打中人,却打中了长颈鹿,于是又开了一枪,才打死了这人。"

罗波说:"正是这样,不过有一件事你没讲实话:你并不是跑去报警,而是想逃跑!"

"奇怪!我为什么要逃跑呢?"查理莫名其妙地说,"我又不是凶手。"

罗波一边拿出手铐把查理铐起来,一边说:"你是凶手,跟我走吧!"

后来一审查,查理果然是凶手。可是罗波当时怎么知道他就是凶手呢?

侦探小助理

讲述人	时间	地点	事件	侦查手段	证据及线索	关键点
查理	明亮的夜晚	动物园	一名身穿门卫制服的男子背后中弹而死	情景再现、推理	查理称听到过一声长颈鹿的嘶鸣	长颈鹿

18. 聪明的谍报员

秘密谍报员马克来到夏威夷度假。这天，他在下榻的宾馆洗澡，足足泡了20分钟后，才拔掉澡盆的塞子，看着盆里的水位下降，在排水口处形成旋涡。漂浮在水面上的两根头发在旋涡里好像钟表的两个指针一样，呈顺时针旋转着被吸进下水道里。

从浴室出来，马克边用浴巾擦身，边喝着服务员送来的香槟酒，突然感到一阵头晕，随之就困倦起来。这时他才发觉香槟酒里放了麻醉药，但为时已晚，酒杯掉在地上，他也失去了知觉。不知睡了多长时间，马克猛地清醒过来，发觉自己被换上了睡衣躺在床上。床铺和房间的样子也完全变样了。他从床上跳下地找自己的衣服，也没有找到。

"我这是在哪里呀！"

写字台上放着一张纸，上面写着："我们的一个工作人员在贵国被捕，想用你来交换。现正在交涉之中，不久就会得到答复。望你耐心等待，不准走出房间。吃的、用的房间内一应俱全。"

马克立刻思索起来。最近，本国情报总部的确秘密逮捕了几个敌方间谍。其中能与自己对等交换的只有两个人，一个是加拿大的，另一个是新西兰的。那么，自己现在是在加拿大呢，还是在新西兰？

房间和浴室都没有窗户，温度及湿度是空调控制的。他甚至无法分辨白天还是黑夜，就像置身于宇宙飞船的密封室里一样。

饭后,马克走进浴室,泡了好长时间,身体都泡得松软了。他拔掉塞子看着水位下降。他见一根头发在打着旋儿呈逆时针旋转着被吸进下水道。他突然想到了在夏威夷宾馆里洗澡的情景,情不自禁地嘀咕道:"噢,明白了。"

请问:马克明白自己被监禁在什么地方了吗?证据是什么?

侦探小助理

讲述人	时间	地点	事件	侦查手段	证据及线索	关键点
谍报员马克	某天	夏威夷一家酒店	马克不知自己被敌方关在哪里	现场查看、分析	①谍报员所在位置是加拿大和新西兰中的一个;②浴室里的水呈逆时针旋转的	水流

19. 究竟发生了什么

侦探波洛接到了朋友杜弗斯打来的电话,杜弗斯对他说:"你一定得过来帮帮我,我刚才被一个窃贼打得不省人事。"

波洛踩着厚厚的积雪,来到杜弗斯的家里。杜弗斯正躺在一把宽大的沙发椅里。"好了,告诉我到底发生了什么。"

"你知道,我的谷仓已经空了好些年了。可是刚才,我突然听到谷仓那里不时地传来一阵阵的声音,好像有人在敲打谷仓的门似的。我走出去,想看看是不是有人在那儿,顺便检查了一下门上的锁。一切看起来都很正常。可是当我往回走的时候,我被窃贼在头上敲了一下,倒在了地上。一醒过来,我就赶紧给你打电话。"

波洛往窗外望去,在漫天飞雪之中,他清楚地看到了谷仓门口杜弗斯刚才留下的痕迹。"根本没有什么窃贼，杜弗斯。让我告诉你究竟发生了什么。"

那么，究竟发生了什么呢？

侦探小助理

讲述人	时间	地点	事件	侦查手段	证据及线索	关键点
杜弗斯	一个下雪天	杜弗斯的家	杜弗斯称出门被窃贼将头敲昏	现场查看、分析	①杜弗斯听到好像有人在敲打谷仓的门，查看后却发现一切正常；②当时是冬季下着雪	雪

20. 第一感觉

一天，一个侦探正走在一个大型旅馆的走廊上，突然，他听到一个女人的尖叫声："看在上帝的分上，别开枪，约翰！"紧接着是一声枪响。

他立刻跑向传出枪声的房间，冲了进去。房间的一个角落里躺着一个妇女，子弹射穿了她的心脏，一把枪掉在房间中央的地上。

房间的另一侧站着一个男邮差、一个女律师和一个女会计师。侦探只看了看他们，就一把抓住邮差说："我将以谋杀的罪名逮捕你。"

确实是这个邮差谋杀了那个妇女，但此前这个侦探没有见过这个房间里的任何一个人，他是怎么知道的呢？

21. 摩尔的暗示

从前，有个十分聪明的孩子叫摩尔。一次，他和父亲出门去外地，住在一家旅店里。可到了半夜的时候，有一个强盗手持钢刀闯进了他们的房间，并用刀逼迫摩尔和他的父亲交出财物，否则就要对他们行凶。

这时，打更的梆子声由远而近地传来，心虚的强盗就催促假装在找东西的摩尔赶快交出财物。可摩尔却告诉强盗，如果着急的话就必须允许自己点亮灯盏来找。于是，就在打更的梆子声在房间的门外响起的时候，摩尔点亮了灯盏，并把父亲藏在枕头下面的钱交给了强盗。可就在这个时候，门外的更夫却突然大声地发出了"抓强盗"的喊叫声，很快，人们就冲进了房间，抓住了还来不及跑掉的强盗。

你能想到摩尔是怎样为走在门外的更夫做出屋里有强盗的暗示的吗？

22. 老地质队员遇难

一个初秋的早晨，在森林里一棵大树下的帐篷里，人们发现了失踪的老地质队员的尸体，他好像是在这儿被人杀害的。

然而，公安人员得知他是个老地质队员后，只看了一眼现场，就马上下了结论："罪犯是在其他地方作的案，然后又将尸体转移到这里来，伪装成死者在帐篷里被杀的假象。"

此结论的理由何在？

侦探小助理

讲述人	时间	地点	事件	侦查手段	证据及线索	关键点
公安人员	一个初秋的早晨	野外的帐篷里	老地质队员被人杀害	现场查看、分析	老地质队员的尸体在一棵大树下的帐篷里	帐篷位置

23. 聪明的警长

海滨的一幢房子发生了盗窃案。警方接到报案后，立即赶往现场调查，并在附近拘捕了两个可疑人物。面对警长的询问，第一个人掏出了他的护照，声称自己是一个游客，与盗窃案毫无关联。而第二个人则不停地用手指比画出各种手势，嘴里还发出呀呀声，表明自己是个聋哑人。警察局的所有警察都不懂手语，无法进一步询问。正在不知所措时，警长对两个嫌疑犯说了一句话，他们都不约而同地站起身来。这时，警长立即知道谁是小偷了。

警长究竟说了一句什么话呢？

24. 粗心的警察

一天清晨，某商店老板被杀后，一个粗心的警察在死者衣袋里发现了一块高级怀表，然而当时已经停止了运行。

无疑，表针所指示的时间对于确定案发或死者死亡时间等是一个非常重要的线索。可是，那警察竟胡乱地把怀表的指针拨了几圈。侦探长问他是否记得拨弄前时针所指示的钟点，那个警察报告说："具体时间没有看清楚，但有一点我印象十分深刻，就是在我拨弄指针之前，这块表的时针和分针正好重叠在一起，而秒针却停留在表面一个有斑点的地方。"于是，侦探长看了看怀表，发现表面有斑点的地方是49秒。他立刻拿出纸和笔计算了一下，很快就确定了案发的确切时间，从而缩小了破案范围。

请问：你知道那块怀表的指针之前究竟停在什么时刻吗？

侦探小助理

讲述人	时间	地点	事件	侦查手段	证据及线索	关键点
警察	一天清晨	某地	一个商店老板被杀	数学分析、推理	拨表之前表的时针和分针正好重叠在一起，而秒针停留在49秒的位置	表针

25. 凶手就是他

日本一名私家女侦探在泰国调查一起黑帮凶杀案时，在她所住的饭店里被枪杀。附近警长带助手赶到现场，只见女侦探倒在窗下，胸部中了两枪，手里紧握着一支口红。

警长撩起她背后的窗帘一看，在玻璃上留着一行用口红写下的数字：809。他又从女侦探的提包中找出一张卷得很紧的小纸条，纸条上写着："已查到三名嫌疑犯，其中一人是凶手。这三人是：代号 608 的光，代号 906 的岛，代号 806 的刚。"

警长沉思片刻，指着纸条上的一个人说："凶手就是他！"根据警长的推断，警方很快将凶手缉拿归案。

请问，凶手是谁？

26. 哪一间房

一日，警探史蒂夫来到某饭店，准备参加朋友的婚礼。就在抵达该饭店的大厅时，他临时获得一个线报：有一对警方已经通缉多时的夫妻，正投宿在该饭店的三楼。为了避免打草惊蛇，史蒂夫决定自己捉拿他们。他向饭店的前台工作人员出示了证件，查看了饭店的住宿记录，发现三楼有三间房间有人住。这三间房分别有两男、两女以及一男一女住宿，计算机上显示出的记录是："301——男、男，303——女、女，305——男、女"。

史蒂夫心想："看来，这对鸳鸯大盗一定是在 305 房间。"于是，他火速冲到三楼，准备一举捉拿他们。

然而，就在史蒂夫要撞破 305 号房门时，饭店经理突然出现了。

经理把他拉到一旁，悄声对他说："其实，住宿记录已经被人窜改了！计算机上的显示和房间里住客的身份是完全不符的。"

史蒂夫想了一会儿，只敲了其中的一个房门，听到里面的一声回答，就完全搞清楚三个房间里的人员情况了。

请问：史蒂夫到底敲了哪一间房门呢？

侦探小助理

讲述人	时间	地点	事件	侦查手段	证据及线索	关键点
饭店经理	某天	某饭店	一对被通缉的鸳鸯大盗住在饭店，住宿记录被人窜改	分析、推理	①住宿记录被窜改；②三个房间里住客的身份与实际情况不符	住宿记录

27. 侦探波洛

侦探波洛走进了豪华的"东方快车"的包厢，发现里面已经坐着三个人。一个是英俊的小伙子查尔斯，他背着一支猎枪，说是要去阿尔卑斯山打猎；另外两个都是美丽的姑娘，她们的名字分别是伊丽莎白和罗丝。波洛很快就看出来，两个姑娘都十分喜欢这位年轻人，而年轻人却似乎拿不定主意去追求哪个女孩。

这天夜里，一件不幸的事情突然发生了。当时，车厢里的人都昏昏欲睡。突然，一声枪响，罗丝倒在了车厢的地板上，原来，一颗子弹击中了她。

大家都被惊醒了。波洛反应最快，在别人都还没有来得及弄明白出了什么事之前，他已经一把将罗丝抱了起来，送进了列车的急救室。过了一会儿，他走了出来，对伊丽莎白和查尔斯说："她没什么大事，只是脚上受了点伤，医生已经给她包扎好了。对了，你们刚才听到什么动静没有？"

伊丽莎白和查尔斯异口同声地说:"没有,我睡着了。"

"还有,她穿的鞋被打坏了,得给她送只鞋去。"波洛又说。

伊丽莎白赶紧回到车厢,找出了一只右脚的鞋,向急救室走去。

谁知这时波洛厉声喊住了她:"别去了,还是先告诉我你为什么要故意打伤她吧!"

波洛为什么这样说呢?

28. 伪证据

"我正站在商店门口,等我丈夫开车接我回家,突然有个人冲了过来,一把抢走了我的钱包!我只看到了他的背影。"一个妇女正在向警察讲述自己的遭遇。

警察找到了一个目击证人。他说自己当时正坐在旁边的一张长椅上。"这位女士站在我前面大约两米的地方,拿着好几个购物袋,还有她的钱包。一个穿着牛仔裤和皮衣的大块头抢走了她的钱包,并且拉开旁边的救生门,消失在大楼里面了。"

几个小时之后,警察在这个目击者的汽车里找到了被抢走的钱包,并逮捕了他。

警察怎么知道他与这起抢劫案有关呢?

侦探小助理

讲述人	时间	地点	事件	侦查手段	证据及线索	关键点
一个妇女	某天	商店门口	妇女被人抢走了钱包	证词、推理	目击者称劫匪拉开旁边的救生门,消失在大楼里面	救生门

29. 职员的话

某单位的金柜存放着近几天的单位结算资金，因账目还未整理完，就没有存入银行。

就在整理完账目要送往银行的时候，金柜被盗，丢失近百万元资金。

警察查看现场时，发现窗户上的玻璃被打碎，玻璃碎片散落一地。金柜被盗贼切割开。警察询问负责看管的职员，职员回答："我一直都很警惕，半夜的时候特意巡查了一次，那时窗户都关得好好的，我还把窗帘都拉上了，没有发现任何异况。"

但警察听完他的话，反而把这位职员给抓了起来，你知道这是为什么呢？

30. 开庭审理

琼斯被控告在一个月前杀害了约瑟夫。警察和检察方面的调查结果，从犯罪动机、作案条件到人证、物证都对他极为不利。虽然至今警察还没有找到被害者的尸体，但公诉方面认为已经有足够的证据能把琼斯定为一级谋杀罪犯。

琼斯请来一位著名律师为他辩护。在大量的人证和物证面前，律师感到捉襟见肘，无以为辞。但他毕竟是个足智多谋的行家，他急中生智，把辩护内容转换到了另一个角度上，从容不迫地说道："毫无疑问，这些证词听起来，我的委托人似乎确实是犯下了谋杀罪。可是，迄今为止，还没有发现约瑟夫先生的尸体。当然，也可以做这样的推测，便是凶手使用了巧妙的方法把被害者的尸体藏匿在一个十分隐蔽的地方或是毁尸灭迹了，但我想在这里问一问大家，要是事实证明那位约瑟夫先生现在还活着，甚至出现在法庭上的话，那么大家是否还会认为我的委托人是杀害约瑟夫先生的凶手？"

陪审席和旁听席上发出了笑声，似乎在讥讽这位远近驰名的大律师竟会提出这么一个缺乏法律常识的问题来。法官看着律师说道："请你说吧，你想要表达的是什么意思？"

"我所要表达的就是这个意思。"律师边说边走出法庭和旁听席之间的矮栏，快步走到陪审席旁边的那扇侧门前面，用整座厅里都能听清的声音说道："现在，就请大家看吧！"说着，一下拉开了那扇门……

所有的陪审员和旁听者的目光都转向那侧门，但被拉开的门里空空如也，没有任何东西，当然更不见那位约瑟夫……

律师轻轻地关上侧门，走回律师席中，慢条斯理地说道："请大家别以为刚才的那个举动是对法庭和公众的戏弄。我只想向大家证明一个事实：便是即使公诉方面提出了许多所谓的'证据'，但迄今为止，在这个法庭上，人们的目光都转向了那道门。这说明了大家都在期望着约瑟夫先生在那里出现，从而也证明在每个人的内心深处，对约瑟夫先生到底是否已经不在人间是存在着怀疑的……"说到这里，他顿了片刻，把语音提高了些，"所以，我要大声疾呼：在座的这12位公正而又明智的陪审员，难道凭着这些连你们自己也存在着疑虑的'证据'，就裁定我的委托人是'杀害'约瑟夫先生的凶手吗？"

霎时间，法庭上议论纷纷，不少旁听者交头接耳，新闻记者竞相打电话给自己报馆的主笔报告审判情况，预言律师的绝妙辩护有可能使被告获得开释。

但是，最后审判结果却是判被告琼斯有罪。

请问：这是什么道理呢？

31. 伪造的现场

名声显赫的女演员维娜神情惨淡地向私人侦探哈利逊诉说："绑架者肯定是白天潜入房间的。因为夜间我们各房间的门窗都关闭了。半夜时，我在阳台上乘凉，突然见到一个人把那条带子放下去，扛着可怜的莎丽顺着带子溜下去了，他一定是把我女儿打昏了。"

哈利逊看到这间卧室里一条由床单和薄毯撕开后结成的长带子在床腿上缚着，另一头在窗外悬吊着，带子约有4米长，距地面不到一码（0.9144米）。他问："房间里的东西移动过吗？"

维娜回答："没有。"

哈利逊走到室外，在街上叫来一个报童，给他半美元，让他模拟绑架者，顺着那条带子下去。之后，哈利逊笑着说："维娜女士，你是在演戏吗？"

请问：哈利逊侦探根据什么看穿了这个伪造的现场？

侦探小助理

讲述人	时间	地点	事件	侦查手段	证据及线索	关键点
女演员维娜	某天	维娜的房间	维娜的女儿莎丽被人绑架	现场查看、情景再现	①卧室里有一条由床单和薄毯撕开后结成的长带子在床腿上缚着；②带子另一头在窗外悬吊着，带子有4米长	带子

32. 报案破绽

电视播音员清水夜里一点多钟突然向警方报案，说他妻子被杀了。西蒙警长驱车火速赶赴现场。这是一幢新宅，门旁车库前停放着一辆红色越野车。

警长下车走近大门时，那儿突然有条狗汪汪地吼叫起来。那是一条狼狗，被一条长长的铁链拴着。

"太郎，闭嘴！"清水走出门来，那条狗便乖乖地蹲在他的脚下。看来是训练有素。

死者身穿睡衣，倒在厨房的地板上，是头部被重伤导致死亡的。

清水声泪俱下地向警长诉说："我为一点小事和妻子吵了一架，憋着一肚子气跑了出去，在外面兜了两个小时风，回来一看，妻子被杀了，那时是11点。我出去后大概妻子没关门，肯定是强盗闯进我家，被妻子发现后杀人逃走了。"

"有什么东西被盗了吗？"

"放在柜子里的现金和妻子的宝石不见了。"

"去兜风时带上你的狗了吗？"

"没有，只是我一人去的。"

现场取证工作基本结束了。第二天一大早，警长就命令助手到邻居家了解情况。不一会儿，助手跑回来报告说："西边的邻居家里有一个老头昨晚几乎看了一夜电视。据他讲，在罪犯作案的时间里没听到什么异常的动静。"

"也没有听到汽车的声音吗？"

"听到过，有过汽车的声音，是晚上11点左右听到汽车由车库开出的声音。"

"不错，罪犯就是清水。"

果然，经审讯，清水供认了由于同女歌星约会被发现，和妻子吵了架，怒不可遏地抄起啤酒瓶照着妻子的头部砸去。本来是无意杀死妻子的，但事后又不想去自首，因而伪造了盗窃杀人的假象，并出去兜风，顺

便把凶器啤酒瓶扔进河里。

那么，西蒙警长究竟凭什么证据，识破了清水的犯罪行为呢？

33. 行李箱被窃案

在英国南方铁路沿线几个大城市的火车站上，某年5月份接连发生了几起旅客存放衣物的行李箱被窃案。这些案件在6个城市相继发生，表明盗窃案是由一个盗窃集团干的。

他们的作案手段很狡猾，既不用暴力，也不用撬锁，而是先通过手续租用几个行李箱，待复制好行李箱的钥匙后归还行李箱寄存处。当不明真相的旅客再次租用这些箱子后，他们就窥测时机，及时下手。

然而，这一切还是没有逃脱警察的眼睛，罪犯们在作案路线上露了马脚，根据他们的作案规律推断，下一个作案时间约在10月初，作案地点是伦敦。于是，警方根据他们的作案手段，张网以待。

从10月4日起，4位记忆力极强的警察，化装成便衣，轮流守候在伦敦火车站附近，对行李寄存处实行24小时监视。第二天，发生两起寄存行李箱被窃案。

10月7日，警方决定收网。一位在几天内多次出现在行李寄存处的男子，在从52号行李箱里取出一个沉甸甸的箱子时，当即被带到了铁路警察所。

"你们凭什么抓我？我要去法院告你们！"这位男子非常恼火。

"先生，请冷静些。请你报出箱子里装的是什么东西。"

这位男子毫不迟疑地一口气报出一大串物品，经核实，与箱内的实物完全相符。

两位警察面面相觑。

"我们要搜一下你的身，先生。"

这位男子大声抗议。警察不管他怎样抗议，还是从他身上找到了犯罪的证据。

请问：犯罪的证据是什么呢？

34. 财会室起火案

一天深夜，一家商店的财会室突然起火。虽经值班会计奋力扑救，仍有部分账簿被大火烧毁。

警官向浑身湿透的值班会计询问案情。

"前几天，我就发现室内的电线时常爆出火花。今天，我将全部账簿翻了出来，堆在外面，准备另换一个安全的地方，不料电线走火，引燃账簿，酿成火灾。幸亏隔壁就是卫生间，我迅速放水，把火扑灭，才未酿成大祸。"

"你能肯定是走电失火吗？"警官追问。

"能。我们这里没有抽烟的，又没有能自燃的其他物品和电器。对了，我刚才进来救火时，还闻到了电线被烧后发出的臭味。"

"够了！"警官呵斥道，"你是因为担心自己的贪污问题暴露而故意纵火的吧？"

请问：警官为什么这么说？

侦探小助理

讲述人	时间	地点	事件	侦查手段	证据及线索	关键点
值班会计	一天深夜	一家商店的财会室	财会室突然起火，部分账簿被烧毁	现场查看、生活常识	会计称迅速放水把火扑灭	灭火

35. 被冤枉的狗

有一天,哈林正在家里看书,突然响起一阵急促的门铃声,他赶紧去开门。进来的是隔壁的莫亚太太,她可是个远近闻名的刁妇,只见她气势汹汹地向哈林嚷道:"你太可恶了!自己的狗也不管好!它把我咬了!"

哈林莫名其妙,因为他的狗从来不咬人,而且今天一直都蹲在他脚边。于是,哈林问莫亚太太道:"什么时候咬的?咬在哪里?我怎么没看到伤口?"

莫亚太太说:"就在刚才经过你家门口时。"说着把她干净整洁的裤子拉得高高的。哈林这才看到,莫亚太太膝盖处有一处被咬伤的伤口。

当哈林看过莫亚太太的伤口后,十分肯定地说:"荒谬!你在撒谎!伤口不是我的狗咬的。"接着哈林说出了证据,莫亚太太哑口无言。

你知道哈林的证据是什么吗?

36. 被淹死的人

一天,鲁尼探长要去看望住在海边豪宅的好友克拉克。路上,他给克拉克打了电话,告诉他大约半个小时后到。

半小时后,鲁尼准时到达,可在客厅里等了5分钟,还不见克拉克出现。这时仆人特里说:"老爷进去洗澡已经半个多小时了,会不会……"鲁尼探长撞开浴室门,发现克拉克已经死在浴缸里了。从初步检查的结果来看,他是溺水死的,死亡时间大概在半小时前。

警察赶到后做了进一步分析,发现克拉克的肺部有大量海水,而没有淡水残留。同时,整个下午只有仆人特里一个人在家,没有其他人来过。

鲁尼第一反应就是抓住特里，说他是凶手。特里拼命地否认他没有作案时间："鲁尼探长打电话来的时候主人还在接电话，从那时到现在只有30多分钟，可是从这里到海边却要一个小时！我就是坐飞机也来不及。"但鲁尼却一口咬定是特里干的。你认为鲁尼的理由是什么呢？

37. 墙外树下

某天清晨，有人在一堵围墙外的大树下发现一具尸体。死者赤着脚，脚底板有几条从脚趾到脚跟的纵向的伤痕，而且还有血迹，旁边有一双拖鞋。

"死者是想爬树翻入围墙，但不小心摔死了。他可能是想行窃。"有人这样推断。但是老练的警长却说："不，这个人不是从树上摔下来的，而是被人谋杀后放在这里的，凶手是想伪装成被害者不慎摔死的假象。"

试问：警长为什么这样说呢？

侦探小助理

讲述人	时间	地点	事件	侦查手段	证据及线索	关键点
围观的人	某天清晨	一堵围墙外的大树下	树下有一具尸体	现场查看、推理	死者脚底板有几条从脚趾到脚跟的纵向的伤痕	伤痕

38. 刑期有误吗

二战时期，一个德国纳粹间谍被捕了。在他的住处，搜出了许多的氨基比林药片和牙签。

审讯开始了。

"你干吗带那么多氨基比林药片？"

"我常常偏头痛。那是一种解痛药。"

"你干吗带那么多牙签？"

"我牙齿不好，吃了肉，老塞牙缝。"

然而，经过暗地里的观察，他并没有饭后剔牙的习惯，偏头痛也没有经常发作。于是他被判处 20 年徒刑。

你知道这是为什么吗？

侦探小助理

讲述人	时间	地点	事件	侦查手段	证据及线索	关键点
警方	某天	监狱	一个德国纳粹身上带有氨基比林药片和牙签，却没有偏头痛和剔牙的习惯	观察、生活常识	①氨基比林的成分 ②牙签的其他用途	情报

39. 皇帝、大臣与侍卫

一个皇帝有 20 位大臣，每位大臣身边都有一个坏侍卫。虽然每一位大臣都知道其他大臣的侍卫是坏人，但由于他们之间关系不融洽，因此他们都不知道自己的侍卫是否是坏人。

皇帝知道此事后，把 20 个大臣召集在一起，告诉他们，在跟随他们的侍卫中至少有一个坏人，并要求他们如果知道了自己的侍卫是坏人就必须立刻杀了他；如果知道了又不杀的话，那他们自己的脑袋就保不住了，期限为 20 天。

为此，皇帝办了一份早报，如果哪位侍卫被杀了就会刊登在早报上，可 19 天都平静地过去了。在第 20 天早晨，仍然没有哪一位大臣杀掉自己的坏侍卫的消息。请问，接下去的情况将会怎么样呢？

40. 昏庸的皇帝

有一个昏庸的皇帝把王法当作儿戏。一天，他别出心裁地下了一道圣旨：犯人可以当着他的面摸生死卷，摸到"生"字者当场释放，摸到"死"字者立即处死。

当朝宰相是个倚仗权势、无恶不作的恶官。他为了拔掉眼中钉，便在皇帝面前诬告一位大臣有谋反之心。皇帝听信谗言，立即命禁卫军将那位大臣拘禁，并令其次日摸生死卷当场定生死。

宰相随后买通掌管纸卷箱的小吏，要他在两张纸卷上都写上"死"字。这样一来，那位大臣注定难逃一死。

这一阴谋被一位忠良之臣得知，当夜以探监为名，告知了那位受冤的大臣。

第二天，皇帝临朝，为了制造一种恐怖气氛，特意在生死卷箱前架起了油锅，如果摸出的是"死"字，当场就会把那位大臣投入滚烫的油锅中。

在众大臣忐忑不安的眼光中，那位大臣从容不迫地把手伸进纸箱中。

想想看，那位大臣怎样才能免于一死？

41. 被打翻的鱼缸

探险家沃尔每到一个地方就会带那个地方的特色鱼回家。他家的客厅里摆放着各种形状的鱼缸，里面养着他从世界各地搜罗回来的鱼，他的家里简直称得上是一个鱼类博物馆了。

一天夜里，沃尔夫妇外出旅行，只留下一个用人和两个女儿在家。知道了这种情况后，一个卖观赏鱼的家伙偷偷地溜进了沃尔的家。因为他对沃尔家的鱼已经觊觎很久了，所以他一进去首先将室内安装的防盗警报电线割断。

然而，他运气不佳，被起来上厕所的用人发现，在黑暗中，他们发生了激烈的搏斗，不小心将很大的养热带鱼的鱼缸碰翻掉在地板上摔碎了。就在他将匕首刺进用人的胸膛之时，他也摔倒在地，慌忙起身时，突然"啊！"地惨叫一声，全身抽搐当即死亡。

听到打斗声和惨叫声，两个女儿立即拨打电话报警。

警察勘查现场发现，电线被割断了，室内完全是停电状态。鱼缸里的恒温计也停了电，但是盗贼的死因却是触电死亡。

当警察们迷惑不解之际，接到女儿电话的沃尔也急忙赶了回来，他一看现场，就指着湿漉漉地躺在地上死去的那条长长的奇形怪状的大鱼说："难怪呢，即使没电，盗贼也得被电死。这就叫多行不义必自毙！"你知道这是为什么吗？

42. 律师的判断

里特气急败坏地来找律师，诉说一件棘手的事情：

"我家有个花匠叫阿根，3天前他跑到我的办公室，一边点头哈腰，一边傻笑着向我索取10万美金，他称在修剪我父亲书房外的花园时，拾到一份父亲丢弃的遗嘱，上面指定我在新西兰的叔叔为全部财产的唯一继承人。这消息对我来说犹如五雷轰顶。父亲和我在11月份的某一天，曾因我未婚妻珍妮的事发生过激烈争吵。父亲反对这门婚事，的确有可能取消我的继承权。阿根声称他持有这第二份遗嘱。这份遗嘱比他所索取的更有价值。因为这份遗嘱的签署日期是 11 月 30 日晚上一点钟，比已生效的遗嘱晚几个小时，所以它将会得到法律的承认。我拒绝了他的敲诈，于是他缠着我讨价还价。先是要 5 万，后来又降到 2 万。律师，这该如何处理呢？"

"我说，你应该一毛不拔。"律师说。

你知道律师为什么这样说吗？

侦探小助理

讲述人	时间	地点	事件	侦查手段	证据及线索	关键点
里特	某天	里特的办公室	花匠阿根称自己有里特父亲对里特不利的遗嘱，向里特索要 10 万美金	生活常识	遗嘱的签署日期是 11 月 30 日晚上一点钟	时间

43. 转危为安

古时候，波斯帝国有一位年轻的王子，聪明过人。一次，他率波斯大军与阿拉伯帝国的倭马亚王的军队交战时，不幸兵败被俘。

军士们把他押送到倭马亚王的面前，国王二话没说便下令推出去杀头。王子一听，马上装出一副可怜相，说道："慈悲的国王啊，我渴极了，您让我喝点水再走吧，那样我也就死而无憾了。"

国王点点头，随后命令左右给王子递了一碗水。王子接过来却不喝，而是左顾右盼起来。

"快喝，看什么！"一名军士厉声喝道。

王子听了，扑通跪在地上，说："我担心，不到这碗水喝完你们就会举刀杀我啊！"

国王一听，不禁大笑起来，心想：堂堂的波斯国王子也不过如此，于是说道："我从来都是说一不二的。你尽管喝好了，我起誓，在你喝完这碗水之前，肯定不会杀你。"

王子一听，迅速做出了一个动作，然后对国王说出了一句话。国王一听，顿时哑口无言，没有杀他。设想一下，面对人头落地的危险情境，波斯王子如何才能转危为安？

44. 巧击德国侵略军

第二次世界大战期间，法国的一个小镇驻扎着德国的一支侵略军。一次，指挥官海格姆上校在他的指挥部宴请各界人士。为了安全，颁发的请柬是两张相同的红票连在一起，两张请柬最多可进三人。宾客在进第一道岗哨时撕去一张，另一张进指挥部时交给门卫。如果宾客有事外出，则发给宾客一张特别通行证，进出第一道岗哨时只要给哨兵看一下通行证即可，进指挥部时才收掉通行证。

法国抵抗组织设法搞到了两张请柬，他们用这两张请柬巧妙地安排三人进入指挥部，另外十几个游击队员通过第一道岗哨，埋伏在指挥部外，结果里应外合，打击了德国驻军。

你知道游击队是怎么安排的吗？

45. 蜘蛛告白

一年冬天，拿破仑的法兰西军队排列整齐，开始向荷兰的重镇出发。荷兰的军队打开了所有的水闸，使法兰西军队前进的道路被滔滔大水淹没，拿破仑立即下令军队向后撤退。正在大家感到焦虑的时候，拿破仑看到了一只蜘蛛正在吐丝，拿破仑果断地命令部队停止撤退，就在原地做饭，操练队伍。两天过去后，漫天的洪水并没有席卷而来。

后来法兰西军队在拿破仑的带领下，将荷兰的重镇攻破了。

你知道是什么使拿破仑改变了撤退的主意，并取得最后的胜利吗？

侦探小助理

讲述人	时间	地点	事件	侦查手段	证据及线索	关键点
拿破仑	一年冬天	荷兰重镇	水闸打开，法兰西军队前进的道路被滔滔大水淹没	观察、生活常识	当时蜘蛛正在吐丝	蜘蛛

46. 巧过立交桥

罗尔警长快要过60岁生日了，可是看上去很年轻，50岁还不到的样子。这得归功于他的自行车，也许你不相信，这辆自行车陪着他30多年了，还是当年巡逻时骑的。后来，警察巡逻开上了警车，可是罗尔警长坚持骑自行车，他说："坐在警车里不锻炼，连路也跑不动了，怎么抓坏人？"

有一天下午，他骑着自行车在街上巡逻，一辆黄色轿车"呼"地从身边冲过，紧接着，身边传来喊叫声："他偷了我的汽车！"罗尔警长赶紧蹬车去追黄色轿车，可是，两个轮子的自行车，怎么追得上四个轮子的轿车呢？才追了一条马路，他就累得直喘气，眼看轿车越来越远了。

这时候，他看见路边停着一辆集装箱卡车，司机正在卸货，他扔下自行车，跳上卡车，开足马力，继续追赶。

偷车贼还以为把警长甩掉了，心中暗自嘲笑：一辆破自行车，还想追我？哼，没门！忽然，他从后视镜里看见了卡车，司机就是那个老警察！他慌忙加大油门，警长紧追不舍，两辆车在公路上追逐着。

前方有一座立交桥，轿车一下子就从桥底下穿了过去，可是集装箱卡车的高度，恰恰高出立交桥底部2厘米，警长一个急刹车，停在立交桥前，好险啊！

罪犯看到卡车被挡住了，还回头做个怪脸，罗尔警长气得两眼冒火。可他毕竟是老警察了，马上冷静下来，看了看轮胎，立刻有了主意。

几分钟以后，集装箱卡车顺利地从立交桥底下穿过，罗尔警长终于追上了罪犯。

罗尔警长用什么方法，很快就让卡车通过了立交桥底下呢？

47.《圣经》阅读计划

4世纪时，英国有个名叫亚当斯的惯盗，多年来一直行凶作案，终于被抓，并准备处以极刑。

当时的英国国王是詹姆斯六世，他非常喜爱《圣经》。亚当斯抓住了这个机会对狱卒说："听说国王喜欢《圣经》，为表示对国王的忠心，临死前我想读一读《圣经》，请国王允许我把《圣经》读完后再处死我。"

狱卒把亚当斯的想法上奏给了国王，国王听了狱卒的上奏后，说："满足他的愿望吧，在他读完《圣经》之前，暂停执行死刑。"得到国王的许可，亚当斯欣喜若狂，他当即写了一份《圣经》阅读计划交给审判官，并说自己要好好品读《圣经》，直至背下来。审判官顿时醒悟，国王上当了。实际上亚当斯借此取消了自己的死刑。

你知道亚当斯是怎样借机取消自己的死刑的吗？他的《圣经》阅读计划是什么？

48. 化学家的声明

著名化学家威廉研制出了很多化学产品，并因此成了百万富翁。在伦敦市一条繁华的大街上，他购置了一套豪华公寓。威廉不仅钻研化学，还对收藏世界名画和文物颇感兴趣，他几乎花了自己一半的收入，购买了许多名画挂在客厅里。

一天夜里，有个小偷钻进屋里行窃。他偷了几件文物，经过客厅时顺手摘下了挂在那儿的一幅名画并卷起来，打算从原路逃走。突然餐桌上放的一瓶高档名酒将他吸引住了。

原来这小偷是酒鬼，平常就嗜酒如命，这会儿他一看到有这么好的酒，不管三七二十一，迫不及待地拧开酒瓶盖，扬起脖子喝起来。

他刚喝了一半。突然听到有响声，大概是仆人听见有什么响动前来查看了。小偷一慌，忙放下酒瓶，赶紧逃走了。

第二天一早，威廉发现家中的几件文物和名画不见了，就连忙报了警。警察局派吉姆警长赶来，组织破案。吉姆在屋里转了一圈，见罪犯没有留下什么痕迹，只有一股酒味。吉姆看到了餐桌上开着的酒瓶并询问了威廉，他断定盗贼喝了几口酒，便心生一计，他要让这个罪犯投案自首。

请问：他想的是什么办法呢？

侦探小助理

讲述人	时间	地点	事件	侦查手段	证据及线索	关键点
化学家威廉	一天夜里	威廉的豪华公寓	一个小偷进屋行窃，偷走了几件文物和一幅名画	现场查看、心理剖析	小偷在威廉家中喝了酒	酒

49. 谁是匪首

"砰——"的一声枪响,打破了边境清晨的宁静,在国境线边上的小村寨里,男女老少奔跑着,惊叫着:"土匪来啦!快逃命啊!"

这个国境线旁的小村寨,交通非常不方便,村民的生活很艰苦,更让人恐惧的是国境线的对面,有一帮土匪经常来村里抢劫,吃饱喝足了,临走的时候还要带走鸡鸭鹅羊,谁敢反抗,就会遭到毒打甚至枪杀。等到边防警察局接到报警,要走很长的山路才能赶到,这时候土匪已经逃走了。

为了把土匪一网打尽,克莱尔探长带领部下,忍受着寒冷和虫咬,埋伏在附近的山洞里。整整半个月过去了,土匪没有一点儿动静。有的警员说:"也许土匪知道我们埋伏了,不会来了吧?"探长说:"马上要到圣诞节了,土匪一定会来抢东西,好回去过节的!"

果然,就在圣诞节早上,土匪又来了。边防警察迅速出击消灭了几个土匪,其余的都乖乖举手投降了。克莱尔探长早就听说,这帮土匪的头目心狠手辣,杀害了不少人,得先把他揪出来。他来到俘虏群前,看到土匪们都穿着一样的军服,谁是土匪头子呢?

克莱尔探长问:"谁是带队的?"土匪们都低着头,一声不吭。探长知道,土匪头子一定混在当中,所以土匪们都怕他,不敢说话。克莱尔探长想了一想,突然大声问了一句话,话音刚落,他就知道谁是土匪头子了。

聪明的克莱尔探长问了一句什么话呢?

50. 列车上的广播

　　一个珍奇珠宝展在国外某城市博物馆举行。展览的第二天夜里，两颗分别重65克拉和78克拉的"孔雀蓝"宝石被盗走。这两颗宝石可是稀世珍宝，如果被偷运出国，那造成的损失难以估量。

　　天还没有亮，警方便接到报案，探长托尼马上派出两名侦探赶往一个半小时后就要发车的303次国际列车。他自己则带了一名助手来到现场。经过初步勘察，他们发现盗贼是从博物馆的屋顶进入馆内的，并且用早已配好的钥匙打开了展厅的门，然后剪断报警器的电线，将宝石从有机玻璃柜中盗走。看来盗贼是早有预谋的。

　　托尼探长留下助手配合馆内保安继续对现场做进一步勘查，自己迅速开车来到了火车站。他和已经上车的两名侦探联系上。那两名侦探正分别从车头和车尾逐节车厢寻找嫌疑犯。

　　托尼探长从中间一节车厢上了车。忽然，车厢内一阵骚动，两名乘警正分开人群朝9号软卧车厢走去。托尼探长紧跟了过去，当他们来到第三间包厢时，透过半敞开的门，一眼就看见靠窗口处蜷缩着一位中年男子。恐怖的是他两眼圆睁，嘴角还有一丝血迹，已经死了。经检查他是被人用毒药枪杀死的，随身携带的行李已不翼而飞。

　　乘警告诉托尼探长，报案者是与死者相邻车厢的一位乘客。据他说是因误入死者车厢才发现这起凶杀案的。托尼探长猜测死者就是昨晚偷走宝石的盗贼之一，他在作案后很有可能又被另一伙盗贼跟踪，上车后被杀死在车厢内，随后行李和宝石一道被劫。

　　托尼探长推断杀人劫宝者还在车上，他当即向一位乘警小声交代了几句。这时，两名侦探已来到这节车厢，托尼探长立即给他俩安排了任务。

　　列车上的广播忽然响了："各位乘客请注意！各位乘客请注意！9号车厢有一位乘客突发重病，生命垂危，车上如有医生请速去协助抢救……"顿时，有不少人向9号车厢涌来。化装成"医生"的一位侦探堵在门口，他向前来要求参与抢救的人说道："病人刚刚苏醒过来，他正向乘警述说发病经过呢！"话音刚落，人群中有一位乘客迅速转身回到了自己的座位上。当那人刚从行李架上取下一只皮箱时，托尼探长和一名乘警便出现在他身后。

"先生，请跟我们到乘警室去一下！"那人浑身一颤，皮箱猛然从手中滑落，正砸在他的脚上，疼得他大叫不止。

"把皮箱捡起来，跟我们走一趟！"乘警和托尼探长将那人夹在中间，把他带到了乘警室。没等托尼探长要他打开皮箱，那人便如实地交代了他杀人窃宝的犯罪经过。

请问，托尼探长如何断定那人就是劫宝杀人犯呢？

侦探小助理

讲述人	时间	地点	事件	侦查手段	证据及线索	关键点
一位乘客	一天夜里	一列火车上	小偷偷走宝石后被人杀死在车厢内	演绎、心理剖析	①杀人劫宝者还在车上；②广播中发出有人病危的消息，不少人来看热闹	广播

51. 装哑取证

一列火车在一望无际的原野上疾驰。车厢里，探长琼斯拿着一本小说在打发着寂寞的旅途。

忽然，一个金发碧眼的女人从他座席边上走过，撞了他一下。见他的小说掉在了地上，那女人忙伏下身，将小说拾起，递给琼斯说："对不起，先生。"按理说，琼斯本应回应一句，然而他却怔住了："这女人怎么这么面熟，好像在什么地方见过。"就在他犹豫的一瞬间，那女人冲他打了个飞吻，转身朝前面的车厢走去。

在哪里见过她呢？琼斯苦苦思索着，以往接触过的女人一个一个在他头脑里闪过。忽然,他想起了什么:"难道是她?"

琼斯装作若无其事的样子离开座席,也朝前面的车厢走去。他要去找那个女人。可是他失望了,前面的五节车厢都查看过了,没有发现那个女人。他回到自己乘坐的那节车厢,准备去一趟厕所,刚一进厕所门就被关上了。琼斯定神一看,暗吃一惊,那金发女人正站在自己的面前!

"喜欢我?"金发女人笑笑说。

琼斯耸耸肩,摇摇头。

"不喜欢?可是不管你是否喜欢我。总得拿钱来,不然我就出去喊人,说你要非礼我!"金发女人手握门扶手,碧眼紧盯着琼斯那毫无表情的面孔。

琼斯在紧张地思考着,怎样才能抓住这个女诈骗犯呢?说没有钱,她会要我腕上的金表;掏枪抓捕她,她会说我威逼无辜,而且又没有证据……

"你是个哑巴?快说,到底给不给钱?"金发女人眼里露出凶狠而贪婪的目光。

忽然,琼斯想出了个妙计。很快,那个女诈骗犯乖乖地跟着琼斯走出了厕所。当天,在警察局里,女诈骗犯供认了自己连续多次诈骗作案的犯罪事实。

琼斯用的是什么妙计擒获那个女诈骗犯的呢?

52. 设宴抓贼

西汉宣帝在位时,京都长安城里小偷多得惊人。

一天,汉宣帝召见了长安的行政长官张敞,让他在一个月内把城里的小偷全部抓光。张敞派出许多差役抓小偷,可是,抓了半个月,也没有抓到几个。怎么才能把小偷抓光呢?张敞整日愁眉不展,冥思苦索。最后,他决定自己化装侦察,顺藤摸瓜,然后再争取一网打尽。

　　这一天，他又来到了繁华的大街上，注意观察街上的行人，将近中午的时候，一个40多岁的中年人引起了他的注意。这个人衣着打扮像个书生，可两只眼睛却贼溜溜地乱转。在他的身后还跟着一个身强力壮的汉子，汉子手里提着两只布口袋。

　　中年人走到一家丝绸店前，店老板马上笑脸迎出来，并让人捧来两匹丝绸，装进了壮汉的布口袋里。中年人又来到一家食品店前，店主人也殷勤地跑出来，挨着样地拣了一大堆吃的，倒进了壮汉的另一只布口袋里。中年人和壮汉又走到几家店铺门前，也都如此。

　　张敞觉得这事儿很奇怪，头脑中出现了一个个问号：为什么这些店铺的老板如此恭维这个中年人呢？为什么中年人买东西不给钱？这个人是干什么的呢？

　　为了把事情弄明白，张敞立即让人跟踪那个中年人，自己则来到了丝绸店。他找到店老板问道："刚才到你这儿来的那个人是干什么的？"

　　店老板以为张敞是个平民百姓，便不在意地说道："你不是本地人吧？不然怎么连那个人都不认识呢！他是这长安城里的头儿！"

　　"什么头儿？皇上老子不才是头儿吗？"张敞虽已猜着七八分，却又故作不知道地问。

　　店老板不耐烦地答道："你这个人真是什么都不知道，皇上老子那是一国之君，是国家的头儿，而他是小偷的头儿。"

　　"小偷还有头儿？"

　　"那可不，那可不是个好对付的主儿，你要是恭维他，他和他的那些喽啰们就不偷你；你要是不给他好处，他和他的喽啰们用不了一晚上，就能把你的货物偷光。"

　　"是吗，那人有那么大的本事？"

　　"可不，你要是在这儿做买卖，也千万不要招惹他。"

"多谢先生的指教!"

张敞说完离开了丝绸店。他刚走不远,就看见一个差役朝自己走来。那差役走到近前轻声说道:"大人,我们已经在一间房子里将那个可疑人抓获了。"

张敞听后,也压低声音对差役说道:"好,你领我去见那人。"

张敞跟着差役来到了一间摆设豪华的房子里。小偷的头儿听说抓住自己的人是长安最高行政长官张敞,知道抵赖也没有用,便如实招认了。

抓住小偷的头儿并不是张敞的目的,因为宣帝是让他把城里的小偷全部抓获。下一步该怎么办呢?张敞屈指算来,离宣帝给的期限仅有3天了。忽然,他想出了一个把城里的小偷全部抓住的办法,便对小偷的头儿说道:

"你是愿意被砍头呢?还是愿意戴罪立功?"

小偷头儿当然不愿意被砍头,忙说:"我愿意戴罪立功!"

"那好,只要你帮我把你手下的那些小偷都抓来,我就饶你一命。"

"那可不好办!大人,你别看偷东西的时候他们都听我的,要是抓他们,可就……"

"这不用你操心,我自有办法。"张敞又对小偷头儿耳语几句,小偷头儿连连点头称是。

第二天晚上,张敞果然把长安城里的小偷儿全部抓获了。

张敞是通过什么办法把小偷全部抓获的呢?

侦探小助理

讲述人	时间	地点	事件	侦查手段	证据及线索	关键点
张敞	西汉时	一间豪华的房子里	张敞抓住小偷的头儿,准备将所有小偷一网打尽	演绎、心理剖析	小偷的头儿称偷东西的时候小偷听他的	官府

53. 电话密码

某国正在缉拿一伙在逃的走私犯。

一天，保安处的查理来到黑塔旅馆。他发现这旅馆老板家的朋友们正是被通缉的那伙走私犯。由于这些人不知道查理的真正身份，就没有注意他。为了抓住这伙家伙，查理决定用电话通知保安处。机智的查理假装在和女友通电话："亲爱的琼，我是查理，昨晚不舒服，不能陪你去酒吧，现在好些了，多亏黑塔旅馆老板上次送的药。亲爱的，不要因未达成目标生气，我们会永远在一起的。请你原谅我的失约，我们不是很快就要结婚了吗？今晚赶来你家时再道歉！亲爱的，再见！"

那些家伙听了查理这番情话大笑起来。可是 10 分钟后，保安处的警员们因为这个电话，突然出现在黑塔旅馆，将走私犯全部捉住了。

你知道查理在打电话时，做了什么手脚吗？

54. 奇异的案情

某国有个古董商，某天晚上接待了一位新结识的朋友。新朋友叫史密斯，是个古董鉴赏家。

寒暄了一阵，古董商很得意地把新近得到的几件高价古玩给史密斯看。史密斯啧啧称赞。看完后，古董商把它们放回一间小房间，加了锁，并让一只大狼狗守在门口。

这天晚上，史密斯住在古董商家。

半夜，史密斯偷了那几件古玩，被古董商发觉，两人打了起来。谁知，那条大狼狗不咬贼，反把主人咬伤了。史密斯乘机带着古玩逃跑了。

古董商连忙打电话给警察局报案。

一会儿，一位警长和两名警察来到现场。财产保险公司也派来了人。如果确实是失盗，保险公司将按照规定，赔给付过财产保险金的古董商一笔钱。

根据现场来看，确如古董商所说，他的高价古玩被抢。

但问题是，他怎么会被自己的狼狗咬伤呢？连古董商自己也无法解释清楚。

保险公司的人说："这是不合情理的事，从来没有训练有素的狼狗会不咬小偷而咬主人的。此案令人难以置信，本公司不能赔款。"

警长注视着那件被撕得粉碎的睡衣，又见那狼狗还围着睡衣团团转，眼睛顿时发亮。他问："古董商先生，请你仔细看看，这件睡衣究竟是不是您的？"

古董商捡起那件破睡衣，仔细看了一会儿，忽然叫道："啊！不！这件睡衣不是我的。我的那件睡衣在两袖上还绣有小花，是我小女儿绣着玩的。"

警长突然说："啊，我明白了，我丝毫不怀疑这个案件的真实性。"

后来，那位"古董鉴赏家"史密斯终于被捕，原来他是个专门盗卖古董的老贼。

你知道警长是怎么推理的吗？

侦探小助理

讲述人	时间	地点	事件	侦查手段	证据及线索	关键点
古董商	一天晚上	古董商的家里	史密斯偷了古董商的古玩	现场查看、推理、情景再现	①当时是晚上；②古董商说睡衣不是自己的	睡衣

55. 笔记本电脑不见了

一天,丽莎和琼约了三个男同学——约翰、乔和迈克尔,一起结伴去山上玩。不巧,天下起了丝丝小雨,这使他们原本打算住帐篷的计划泡汤了。于是,他们吃完晚饭,于八点半住进了一家小旅馆。他们分别住在面对面的两个房间里。

旅馆的服务员告诉他们,根据这里的规定,晚上九点以后所有的房间必须熄灯,所以他们动作得快一点。丽莎在简单梳洗过之后,拿出了她最喜欢看的一本书,还有她的笔记本电脑。熄灯之后,她把书放在笔记本电脑上,然后进入了梦乡。

第二天早上丽莎醒来时,发现笔记本电脑不见了!她冲到琼的床边,摇晃她的手,想把她喊起来。令她大吃一惊的是,琼的手上居然有血迹!琼告诉丽莎,昨天晚上约翰不小心用裁纸刀把她划伤了。这时,门口传来了敲门声,三个男孩走了进来。丽莎告诉他们自己的笔记本电脑丢了。

可是,乔却转换了话题:"你们俩谁看过《侦探的猫》这本最新的小说?迈克尔刚才正在跟我讲这个故事。"

"哦,是的,这个故事写得真好。我昨晚一个晚上就把它读完了。"迈克尔对女孩们说。

丽莎突然喊了起来:"嘿,我知道你拿了我的笔记本电脑!快把它还给我!"

谁拿了丽莎的笔记本电脑?

56. 聪明的化装师

一个小伙子冒充送电报的,挤进了电影制片厂大化装师的家。他从腰间抽出一把匕首,说:"如果您老老实实听我的,就不伤您半根毫毛,只要施展一下您的手艺就行了。要一下手艺,不会缩短您的寿命吧？"

　　这位大化装师的化装术很高明。墙上挂着的几张电影明星的剧照，就是经过她化装后拍摄的，可算得上是艺术佳品。瞧，那个40岁的男演员，经过她那双灵巧的手一化装，就变成了一位20多岁的"奶油小生"；旁边的那一位，本来是眉清目秀的姑娘，现在却成了白发苍苍的老妪。另外，还有一张男扮女装的演员剧照，不管从哪个角度看，都看不出半点破绽。

　　现在，那个小伙子凶恶地说："我进监狱已经将近半年了。监狱的生活真叫人难受。今天，我逃了出来，可不愿意再回到那鬼地方去了，我要请您为我把脸化一下装！"

　　大化装师朝他手里的匕首瞥了一眼，顺从地说："那么，您准备化装成什么模样呢？有了，把您化装成一个女人，行吗？"

　　"不行！脸变成女人，以后一切都不方便。还是想个法子，把我的脸变个样子就行了。"

　　"那好办，把您变成一个面带凶相的中年人，行吗？"

　　"行啊！"

　　她忙碌地替逃犯化起装来。

　　一会儿，镜子里映出了一张肤色黝黑、目光凶狠的中年男子的脸。

　　"怎么样，这模样满意了吗？"

　　"不错，连我自己都认不出来了。"

　　"好，现在你该走了吧！"

　　逃犯把女化装师捆了起来，又拿一块毛巾塞住了她的嘴，然后带着一张变形的脸，推开门走了。

　　过了片刻，一群警察来到大化装师的家，替她松绑："多亏您帮忙，我们才能把这个家伙捉拿归案。您受苦了！"

　　化装师说："我也在祈祷，希望尽快把逃犯缉拿归案。不过，那个家伙无论如何也不知道自己怎么会被抓住的。"

你知道罪犯怎么这么快就被抓住了吗？

侦探小助理

讲述人	时间	地点	事件	侦查手段	证据及线索	关键点
化装师	某天	化装师的家里	逃狱的小伙子让化装师给他化了装，但仍被警察缉拿归案	观察、生活常识	化装师将小伙子化装成一个面带凶相的中年人	化装

57. "赌城"拉斯维加斯

有一天，一家赌场的老板邀请几个朋友来自己的赌场玩。那天晚上风雪交加，每个人都把钱放在自己面前的桌子上，这时灯突然灭了。当灯重新亮起来的时候，所有的钱都不翼而飞了。

为了把丢失的钱找回来，赌场老板拿出了一把生锈的茶壶，上面绘有美丽的金鱼图案。他让大家排成队，在他关灯之后依次触摸这把茶壶。赌场老板说，当偷钱的人摸茶壶的时候，茶壶就会叫。当大家都摸过茶壶之后，它并没有叫。

这时，赌场老板开了灯，让大家都摊开双手。在看了每双手之后，他找出了偷钱的人。

赌场老板怎么知道是谁偷了钱呢？

58. 消夏的游客

盛夏的海边别墅群里，住满了来消夏的游客，白沙蓝水的海滨热闹非凡，人们泡在海水里洗海水澡和在海中畅游。然而，却有个幽灵般的贼，半个多月来在别墅和宾馆的客房里连续盗窃游客的贵重物品。

警方经过多方调查访问，渐渐摸清了这个罪犯的体貌特征，于是请画像专家画了罪犯的模拟像四处张贴，提醒游客注意，发现后及时报告警方查缉。很快,一位宾馆服务员向警方报告,该宾馆新入住的一位客人与模拟像上的犯罪嫌疑人极为相像。

警察们获讯后迅速赶到该宾馆,在服务员指引下敲开了这位客人的房门。这位客人确实长得和模拟像上的犯罪嫌疑人极其相像,唯一的区别是,客人梳的是大背头,而犯罪嫌疑人则是三七开分头。

当警察拿着模拟像要求客人到警局接受调查时,客人立即指出了分头与大背头的区别,并称自己来海滨休假已经半月有余,有许多大背头的照片可以作证,只是刚换了个宾馆而已。说着,客人拿出许多彩色照片,来证明自己一向是梳理大背头发型的。

警察们有些疑惑了,会不会只是长得相像而已?这时,宾馆服务员悄悄地向警察建议,带客人到美容室做个实验,就能搞清问题。

你能猜出这是个什么实验吗?

侦探小助理

讲述人	时间	地点	事件	侦查手段	证据及线索	关键点
警方	盛夏的一天	海边别墅群和宾馆	有个盗贼连续盗窃游客的贵重物品	观察、生活常识	客人梳的是大背头,而犯罪嫌疑人梳的是三七开分头	发型

59. 钢结构房间

有一间房间是钢结构的,除了一个坚固的门之外,再也没有别的出口。这个房间只有一把钥匙,掌握在爱德华的手里。爱德华把佛瑞德锁在房间后就带着钥匙出去了。一个小时后,当他回来时,门已经被打开,佛瑞德逃跑了。佛瑞德没有打开锁,因为门的里面根本没有锁洞,并且房间里的东西没有被破坏。

佛瑞德是怎么逃出去的?

60. 姑娘的手枪

一天深夜,一位年轻的姑娘在僻静的公路上骑自行车独行。突然,黑暗中闪出5个人影,拦住去路。几个歹徒上前,要抢姑娘的手表和钱。

姑娘借口取钱,从包内"嗖"地拔出一支手枪,歹徒们惊呆了。可是,歹徒们发现姑娘手中的枪不是真的,于是向姑娘扑去。就在这紧要关头,"假"手枪竟发出"噗"的声响,一个歹徒倒下了。另一个歹徒拔腿想逃,又被一枪击倒。还有3个歹徒不敢再逃,乖乖就擒。姑娘完全脱险了,可是她伤了两条人命,这怎么办呢?其实,把歹徒送到派出所后不久,被击倒的两个歹徒又活过来了。

请问:这究竟是怎么回事呢?

61. 跟踪谜团

私人侦探艾诺独自经营着一家小小的事务所，生意十分兴隆。这天，事务所里来了一个戴着墨镜的男子。他对艾诺说："我想请你对一个人进行跟踪，严密监视她的一举一动，而且千万不能让她察觉。"

"那很容易！跟踪这事儿，我干过不止一两回了，哪一回也没出过岔子。请问要跟踪多久呢？"

"一个星期就行！到时我将来这儿取报告。"

说完，那个男人掏出厚厚一叠纸币交给了艾诺，然后又取出一张少女的照片，放在那叠纸币上。

第二天，艾诺立即开始了跟踪行动。他在那个少女家的附近暗中监视。没过多久，就看到照片上的那个少女从家中出来。不过，看上去她家并不豪华，少女本人也不算是美女。为什么要不惜花费重金对她进行跟踪呢？艾诺感觉这事有点蹊跷。

这个少女并未察觉到被人跟踪，径直走到火车站，买了一张车票。少女在一个小站下了车，来到山上一家小旅店住了下来，看样子是来游览高原风光的。她一天到晚总是出去写生，从不和任何人交往。

艾诺巧妙地隐蔽跟踪，躲在远处，用望远镜监视着她。可是三四天过去了，他根本没有发现少女的行动有丝毫可疑之处。她既不像间谍，也不像是来寻找什么宝藏的，为什么要监视跟踪她呢？艾诺十分纳闷。

一周时间就这样过去了，那个少女仍然没有什么异常的举动。虽说跟踪就要结束了，可艾诺还是按捺不住自己的好奇心。他装着若无其事的样子走到少女身旁，搭讪着说："您这次旅行好像很悠闲呀！"

少女微笑着答道："是呀，我是一个学生，本来没钱这么尽兴地游玩。多亏一位好心人的帮助，我才得以享受旅游的乐趣！"

"这是怎么回事？"

"啊，事情是这样的。有一天，我在茶馆里碰见了一个戴墨镜的男子，他好像很热心，主动提出给我一笔钱做旅行费用，让我选择自己喜欢的地方去走走。真是个好心人！他什么要求也没有跟我提，只是要了我的一张照片，说不定是用来做广告什么的，所以才肯……"

"戴墨镜？"艾诺若有所思，"莫非就是我的那位主顾？不过，很难想象在当今这个尔虞我诈的社会中，竟有这种乐善好施的人。"艾诺带着满腹狐疑，回到离开了一周的事务所。

"啊！"一回到事务所，艾诺立刻就明白了事情的缘由。

你知道是怎么回事吗？

侦探小助理

讲述人	时间	地点	事件	侦查手段	证据及线索	关键点
私人侦探艾诺	某天	艾诺的事务所	有人请艾诺跟踪一个女孩，但是女孩什么问题都没有	推理、情景再现	①女孩没有任何反常的举动；②她说是一个人资助她旅游的	跟踪

62. 半夜敲门

维特打开了电视机，播音员正在播报一条消息："今天19点左右，在贝姆霍德花园街，一名79岁的老人在遭抢劫后被枪杀。据目击者说，凶手穿绿色西装。请知情者速与警察局联系。"

贝姆霍德花园街正好是维特住的这条街，她感到十分害怕。正在这时，阳台上的门口突然出现了一个35岁左右的男子，身穿绿色西装，而且衣服上有血。维特吓得脸都白了。

那人进了房间，让维特把手表和金戒指给他。正在这时，突然有人敲门。那人用枪顶着维特的背，命令道："到门口去，就说你已经睡下了,不能让他进来。"

"谁呀?"维特颤声问道。

"我是韦尔曼警官。维特小姐,您这儿没事吧?"听到这熟悉的声音,她内心平静了许多。

"是的。"她答道。停了一会儿,她用稍大的声音说,"我哥也在问你好呢,警官!"

"谢谢,晚安。"不一会儿,巡逻车开走了。

"干得不错,太妙了。"那人高兴地大口喝起酒来。突然,从阳台上的门外一下子冲进来许多警察。那人还没反应过来,就被戴上了手铐。

"好主意,维特小姐。您没事吧?"韦尔曼警官关切地问道。

请问,维特是怎样给韦尔曼警官报信的?

63. 埃里克的解释

一天,某男爵的遗孀拜访侦探埃里克,向他讲述了一件令人难以置信的事:

"5年前,先夫不幸去世,我为他建造了一座墓碑。谁知道从那以后,每年冬天,墓石就会移动一些。前天,我请了一位巫师来召唤先夫的灵魂,可是没有任何反应。先生,我是多么希望能与先夫的灵魂对话啊!"

说着,她从手提包里取出一张照片给埃里克看。这是男爵的墓地照片。在一块很大的台石上面,放着一块球形的大石头。"由于先夫生前爱玩高尔夫球,所以临终时曾嘱咐要给他造个像高尔夫球那样形状的墓碑。这张照片就是在墓碑建成之后拍的。球石正面还雕刻了十字架。现在,这个球石差不多移动了四分之一,十字架也一点一点地被埋在下面,都快看不见了。"

"球石仅仅是在冬天移动吗?"埃里克问。

"是的。这个地方的冬季特别冷。每年一到冬天,我就到法国南部的别墅去,春天再回来,并去先夫的墓地扫墓。这时,总是发现球石有些移动。我想,是不是先夫也想与我一起去避寒,要从墓石下面出来?"

埃里克请夫人带他去墓地看看。

在一堆略微凸起的土丘上,墓地朝南而建,四周有高高的铁栅栏围住,闲人不能随便进入。在沉重的四方形台石上面,有一个直径80厘米的用大理石做成的球面,为了不使球面滑落,台石上挖了一个浅浅的坑,正好把球石嵌在里面。浅坑里积有少量的水,周围长满苔藓。如果球石的移动是有人在恶作剧,用杠杆来移动它,那么在墓地和苔藓上应该留有一道痕迹,可又一点痕迹也没有。如果有人不用杠杆而用手或身子去推球石,那么凭一两个人的力气是根本推不动的。

埃里克摸了一下浅坑里的积水,沉思了片刻以后说:"夫人,墓石的移动是一种物理现象,与男爵的灵魂没有任何关系。"

你能解释埃里克所说的物理现象是怎么一回事吗?

侦探小助理

讲述人	时间	地点	事件	侦查手段	证据及线索	关键点
某男爵的遗孀	某天	男爵的墓地	墓地上的球石冬季会移动	观察、生活常识	石球在一个浅坑里,坑里有积水	冰冻

64. 惯犯被擒

一个抢劫惯犯正用万能钥匙打开一个房间的房门,房里传出一个女郎的声音:"请稍候。"紧接着,她提高嗓音问了一声:"谁?"

一会儿，门开了一条缝，惯犯随即用力推开房门，一闪身挤进房间，用背顶着门。女郎一见，惊恐地叫道："你想干什么？快出去，不然我要叫警察了。"

惯犯欺负女郎力弱，扑上去扼住她的脖子。女郎拼命挣扎，一脚踢倒了身旁的小桌，桌上的电话机掉在了床上。不大会儿工夫，女郎便被扼得昏死过去。

惯犯见状，忙拿过她的手提包，从里面翻出 50 万日元，随后他拿着包里的钥匙去打开衣柜的抽屉。突然，房门打开了，冲进来两个警察，惯犯束手就擒。

请问：是谁发出了报警信号呢？

65. 逃脱的方法

初春时节，西伯利亚仍然寒气袭人，A 国间谍史密夫在那里执行任务时，失手被擒，其后被关在高原上的木屋内。木屋的囚室内没有纸、笔、电筒，就只有一扇窗、一张床、一台冰箱及一罐汽水。

在晚上，史密夫就利用囚室内的设备，发出了求救信号，通知同伴来救援。最后，他成功地逃脱掉了。

请你判断一下：史密夫是如何发出求救信号的呢？

66. 二战中的间谍

第二次世界大战期间，英国警方得到一份情报，说一个纳粹间谍将从南美来到伦敦，随身携带了一笔 10 万英镑的巨款，准备发展间谍组织。英国警方对他进行了密切监视，并在他下船几个小时后故意制造了一次车祸，把他送进了医院。

趁此良机，警方仔细地检查了他的衣服和行李，结果，除了一个公文包里面放有几封他在英属圭亚那的朋友写给他的信之外，一无所获，根本就没有巨款的影子。

警方也考虑到这个间谍有可能玩弄其他花招，比方说通过邮局把钱寄给自己，但此时正值战时，邮递业务很不正常，因此这个办法行不通；他也可以将宝石吞在体内，但在医院里进行检查时，X光机已经排除了这种可能性。

那么，这个间谍如何能够藏起这10万英镑呢？

侦探小助理

讲述人	时间	地点	事件	侦查手段	证据及线索	关键点
警方	第二次世界大战	医院	警方搜查一个携带10万英镑巨款的纳粹间谍，却一无所获	观察、生活常识	公文包里有几封信	信

67. 令人瞠目结舌的真相

1882年5月4日早晨，巴西护卫舰"阿拉古阿里"号上的水手像往常一样，用吊桶提上来一桶海水，以便测量水温。忽然发现桶里浮着一只密封的瓶子。船长吩咐打碎它——瓶里掉出一页由《圣经》中撕下的纸。只见上面用英文在空白处不太整齐地写道："帆船'西·希罗'号上发生哗变，船长死亡，大副被抛出船舷。发难者强迫我（二副）将船驶向亚马孙河口，航速3.5节，请救援！"

船长取出罗意商船协会登记簿一查，知道确有"西·希罗"这样一艘英国船。它建于1866年，排水量为460吨，归赫耳港管。于是船长命令立即追踪。

两小时后护卫舰追上了叛船，并很快地控制了它，叛变者被缴了械，并带上了镣铐。同时军需官在货舱里找到了被绑的拒绝与叛军合作的二副赫杰尔和其他两名水手。

二副奇怪地问道："请问你们是怎么得知我船蒙难的？叛变是今

天早晨才发生的,我们认为一切都完了……"

"我们是收到了您的求救信才赶来的!"船长回答说。

"求救信?我们之中谁也没有寄过呀!"

船长拿出求救信给二副看。二副说:"这不是我的笔迹,而且叛变者一刻不停地监视着我。"

这样一来,船长如坠雾中。当"西·希罗"号全体船员被遣返英国后,在法庭上才揭开了令人瞠目结舌的真相。你知道这是怎么回事吗?

68. 监视的妙方法

警方接到线报,在某偏僻村落,藏匿着大批通缉犯及黑社会头目。

为避免打草惊蛇,高级督察查理做出周详而严谨的部署。他乔装成村民,视察现场环境后,发觉罪犯们所在的屋子坐落在一片隐蔽的丛林内,四面都有窗及门,方便罪犯逃走。

查理为防行动失败,特派 8 名干练的警探,悄悄地埋伏在对面的丛林内,等待晚上伺机行动,各出口有两人把守。到了深夜时分,通缉犯们正蒙头大睡,查理见机不可失,调动数十人准备突袭,却发现 8 名警探中有 4 名失踪了,担心阻延行动,只好急召其他警察救援,最后,终于把里面的罪犯拘捕,押上法庭。

事后，查理质询4名失踪的探员，为什么违抗命令。幸好行动成功，不然的话，他们便要受降职的处分。

谁知他们说："我们8人抵达现场观察后，觉得现场不需要8人驻守，便可把整间屋子包围，所以我们没有遵守你的意见，而擅做调整，希望你原谅！"查理细听他们擅自更改计划的原因后，觉得非常有理，再没有追究此事了。你知道4名探员是如何监视那批罪犯的吗？

69. 奇怪的拳头

彦一家种的西瓜经常被偷。彦一想惩治这些偷瓜贼，于是扎了一个很大的稻草人，插在瓜地里。

看见的人都笑起来："稻草人是防止鸟来吃稻谷的。偷瓜的人不是鸟，稻草人能吓走他们吗？"

偷瓜贼听说这件事后，特地到瓜地里去看了一下，果然是一个稻草人，威武地站在那里。他们心里直乐，觉得彦一这孩子不够聪明。

到了晚上，偷瓜贼又结伙来偷彦一家的西瓜了。为了保险，他们先到瓜棚里去探望了一下，看见床上有个人正在里面蒙着床单睡大觉，于是就肆无忌惮地去偷瓜了。

他们走过稻草人的身边，还互相打趣道："彦一这个孩子太蠢，竟然想用稻草人来吓我们。"

偷瓜贼正议论着时，忽然，其中一个人头上挨了一拳头，他还以为是同伙与他闹着玩呢，正要责问时，那个同伙头上也挨了一拳头，两人争吵起来。跟在后面的几个人赶着来劝架，谁知他们的脑袋上也都挨了拳头。他们互相猜疑，乱作一团。

你知道这是怎么回事吗？

70. 新学期的风波

新学期开始了。因为很久没见面了,同学们还没进教室,就开始聊起天来,主要的话题是大家在假期中买到了什么好东西。

琼斯说:"我买了最新的手机,全美国可只有 30 只噢!"

约翰不服气地说:"那有什么,我这只高级多功能手表可是这种型号的最后一只!"

玛丽则插嘴说:"别得意,你们的东西迟早都会被淘汰的。可我的 999 纯金项链,才是可以永存的最有价值的护身符!"

在他们旁边,一位准备要去学校教务处办理转学手续的同学理查德,听了好生羡慕。还有一位每天都会来学校散步、拄着拐杖的老爷爷,正好经过这儿也听见了这些对话。

忽然,上课铃响了,大家都回到自己的座位上,教室外边没人了。老师凯瑟琳进来点完了名后,大家又开始聊起天来。玛丽、约翰、琼斯三人,非常骄傲地把刚刚所说的东西拿出来炫耀。

接着,凯瑟琳要带同学们去上体育课。大家把书包留在了教室,一些贵重的东西也都没带走。当大伙儿到了操场时,凯瑟琳突然想起钥匙忘在了教室,于是赶忙跑回教室拿。

过了一会儿,凯瑟琳慌慌张张地跑回来说:"我刚刚看到一个人影从教室旁的围墙跳了出去,觉得有问题,就冲上前去追他,结果还是被他溜了。教室里有被人动过的迹象,请同学们回去检查一下。"

大家回到教室,发现第一排到第六排的书包都掉在地上!大家检查完后,发现第一排到第六排的大多数同学的钱包或饰品之类的东西都没被偷,可是同样坐在前六排的琼斯、约翰的手机和多功能手表却不翼而飞了。由此可见,小偷应该是为他们攀比的那三件东西而来的。

玛丽松了一口气说:"好险!我刚好坐在第七排第一位,幸好小偷还来不及光顾我的座位,不然下一个可能就是我了!"

综合以上的描述,你推断,小偷可能是谁?

侦探小助理

讲述人	时间	地点	事件	侦查手段	证据及线索	关键点
凯瑟琳老师	新学期开学	教室	琼斯的新手机和约翰的多功能手表不翼而飞	现场查看、推理	①理查德没有去上体育课；②拄着拐杖的老爷爷在学校散步	理查德

71. 终日不安的罪犯

张某犯有盗窃罪，总怕他的同伙去自首，所以终日不安。他妻子劝他去自首，他非但不肯，反而毒打妻子。他父亲也劝他去自首，他吹胡子瞪眼地大骂父亲，就是不肯去自首。

后来，他为了逃避罪责就写了一封信给他的同伙，妄想同他订立攻守同盟。白天他不敢出去寄信，于是就在晚上出去寄。

可是，当张某寄出信后第二天就被警察捉拿归案了。难道是同伙告发他了吗？没有。

你知道这是怎么回事吗？

72. 婚礼灾难

文森和苏菲在海港的教堂里举行了结婚仪式，然后去码头，准备启程到国外度蜜月。这是闪电般的结婚，所以仪式上只有神父一个人在场，连旅行护照也是苏菲的旧姓，将就着用了。

码头上停泊着的国际观

光客轮，马上就要起航了。两人一上舷梯，两名身穿制服的二等水手正在那里等候，微笑着接待了他们。丈夫文森似乎乘过几次这艘观光船，对船内的情况相当熟悉。他分开混杂的乘客，领着苏菲来到一间写着"B13号"的客舱。两人终于安顿下来。

"苏菲，要是有什么贵重物品，还是寄存在司务长那儿安全。"

"拿着这两万美元，这是我的全部财产。"苏菲把这笔巨款交给丈夫，请他送到司务长那里保存。

可是，左等右等也不见丈夫回来。汽笛响了，船已驶出码头。苏菲到甲板上寻找丈夫，可怎么也找不见。她想也许是走岔了，就又返回来，却在船内迷了路，怎么也找不到B13号客舱。她不知所措，只好向路过的侍者打听。

"B13号室？没有这间不吉利号码的客舱呀。"侍者脸上显出诧异的神色答道。

"可我丈夫的确是以文森夫妇的名字预定的B13号客舱啊。我们刚刚把行李放在了那间客舱。"苏菲说。

她请侍者帮她查一下乘客登记簿，但房间预约手续是用苏菲的旧姓办的，是"B16号"，而且，不知什么时候，有人已把她一个人的行李搬到了那间客舱。而且登记簿上并没有文森的名字。

更使苏菲吃惊的是，司务长说，没有人向他寄存过两万美元。

"我的丈夫到底跑到哪儿去了……"苏菲感到事情很不好。

正在这时，有两个有些眼熟的二等水手路过这里，他们就是上船时在舷梯上笑脸迎接过她的船员。苏菲想，大概他们会记得自己丈夫的事，就向他们询问。但水手的回答使苏菲更绝望。

"您是快开船时最后上船的乘客，所以我们印象很深。当时没有别的乘客，我发誓只有您一位乘客。"船员回答说，看上去不像是在说谎。苏菲开始怀疑是否自己脑子出现了问题。

苏菲一直等到晚上，也不见丈夫的踪影。他竟然神不知鬼不觉地消失了。一夜没合眼的苏菲，第二天早晨被一个人用电话叫到甲板上，差一点被推到海里去。

你知道苏菲的丈夫文森到底是怎么失踪的吗？

73. 阳台上的枪杀案

星期天清晨，体操运动员伊里杰夫很早就起床了：他住在体育公寓的6楼，有一个很大的阳台，阳台的一角放着训练器械。他来到阳台上，一会儿压压腿，一会儿弯弯腰，一会儿双手倒立，一会儿引体向上……对面阳台上，有个小朋友看得直叫好，可是喝彩声刚落，"砰"的一声枪响，伊里杰夫就倒在阳台上，不动弹了。小朋友吓得捂住了眼睛，大声喊："爸爸，爸爸，对面的叔叔被打死啦！"

麦克奎尔探长接到报案，直奔现场。他检查了尸体，发现子弹是从背后射进去、从小腹穿出来的，有一颗弹头嵌在阳台的地板上，和死者的伤口完全吻合。探长挖出弹头，发现这是小口径步枪子弹头，是专门用于射击比赛的。

探长又做了进一步的调查，得知在这幢公寓的二楼，住着一位射击运动员，人称"神枪手"，就对他进行询问。"神枪手"生气地说："探长先生，你不应该怀疑我，因为我听说子弹是从他后背进去，下腹部出来的，凶手显然是从上面往下射击，我在二楼是没有办法射中他的啊！"

探长问了射击运动员的邻居，证明他早上确实没有出门。那么凶手究竟是谁呢？

麦克奎尔探长很快就有了答案。

从现场情况分析，你认为麦克奎尔探长会说谁是凶手呢？

侦探小助理

讲述人	时间	地点	事件	侦查手段	证据及线索	关键点
一个小朋友	星期天早晨	体操运动员伊里杰夫的公寓	伊里杰夫被枪杀	现场查看、推理	①伊里杰夫住在6楼；②子弹从死者背后射进去、从小腹穿出来；③"神枪手"在二楼	动作

答 案

1. 一片沉寂

如果确如哈利所说是在看电视时突然停电，同时发生了谋杀案，那么当电闸合上后，电灯亮了，老式电视也应有节目，寓所里不会是"一片沉寂"。

2. 等鱼上钩

到了天黑，官员把老妇人放走，命令手下人秘密跟踪，看谁与这老妇人说话。这样反复三天，发现都有同一个人找老妇人。因他作案心虚，见每天都留下老妇人，就急忙打听虚实，正好中了主审官的圈套。

3. 寓所劫案

画家临死前说的"……开……关……掀……米……勒……"并不是指掀开米勒的画像，而是指掀开钢琴盖，按键上的两个音符"3""6"（米为3，勒为6）。按下这两个键后，地道的门自然就打开了。

4. 不早不晚，正好七点

收录机既然能录进枪声，那么也能录进屋里挂钟的报时声。这说明罪犯是在其他现场一边录音一边杀死被害者的，然后把尸体与收录机一同移至这第二现场。

探长根本无须听录音，就能够得出这一结论。因为如果录音里面有挂钟的报时声的话，他手下的侦探早就该知道确切的谋杀时间了，根本无须去问电视台。

5."幽灵"的破绽

斯坦纳在看《希伯来日报》。希伯来文和阿拉伯文一样，是从右向左书写的,而他的放大镜却是从左到右一行一行地往下移,从而露出其伪装的破绽。

6. 小福尔摩斯

蟑螂在自然死亡时是肚皮朝上的。可是,本杰明看到的蟑螂的尸体却是背朝上的。雅各布懂得的昆虫学知识太少,被本杰明看出了破绽。

7. 三个嫌疑犯

如果 A 是盗窃犯,那么 A 是说假话的,这样他必然说自己"不是盗窃犯";如果 A 不是盗窃犯,那么 A 是说真话的,这样他也必然说自己"不是盗窃犯"。

在这种情况下,B 如实地转述了 A 的话,所以 B 说的是真话,因而他不是盗窃犯。C 有意错误地转述了 A 的话,所以 C 说的是假话,因而 C 是盗窃犯。

8. 拿走了一颗珍珠

窃贼要的不是珍珠,而是那个首饰盒!这个窃贼其实是卢米埃尔首饰盒的另一个收藏者。他自己的首饰盒上的锁坏了,所以他计划将自己的首饰盒跟福斯特的首饰盒调包。为了不让福斯特先生起疑心,他仿造了一个珍珠项圈(不幸的是,仿造的项圈只有99颗珍珠),然后在宴会中趁人不备,换走了福斯特的首饰盒。

威尔侦探手上的名单就是卢米埃尔首饰盒收藏者的名单。当他发现这份名单上的一个名字同样出现在福斯特的客人名单中时,他认为这个人就是窃贼。

9. 藏珠宝的罐头

女警官拿来一块木板,搁置一定坡度,将12听罐头并列在木板上滚动,发现其中一听滚得较慢,即是珠宝罐头。

10. 那个人就是罪犯

阿格瑟确定那人是罪犯,因为他知道失窃的是珠宝店,而阿格瑟未向那人提到这一点。

11. 智寻窃贼
其实员工们的草棍是一样长的。劳思故意说有一根稍长一些，小偷做贼心虚，怕当众出丑，就把自己的草棍掐去一截，这样唯有他的那根草棍比别人短一截，正好露出了马脚。

12. 警员与警长
医生将病人抬上救护车时，必须是先进头，后进身体。歹徒做的正好相反，所以被警长识破了。

13. 赃物藏在何处
货物埋藏在下午三点云杉树顶在地面的投影处。

14. 银行抢劫案
按照斯通先生的叙述，他们在回银行的路上，不应该先看到钱袋，再来到他逃走的地方，因为钱袋是在斯通先生逃走之前扔掉的。所以，斯通先生说的是假话，他肯定参与了这起抢劫案。

15. 谁是劫匪
两个男子的身材既然相差悬殊，手腕粗细自然也会有明显的分别。只要仔细观察一下表带上的洞孔痕迹，便会清楚地知道手表的主人是谁了。

16. 谍报员与定时炸弹
让表停下就可以了。谍报员用打火机将闹表字盘的外壳烧化，再用速干胶从洞中伸进去将表针固定住。只要表针不动，无论什么时候也到不了四点半，炸弹也就不会被引爆。

17. 大侦探罗波
那个人说他听到长颈鹿的嘶鸣后才被尸体绊了一跤。但是，实际上所有的长颈鹿都是"哑巴"，它们根本不会发出嘶鸣。他如果不是凶手，就不会编造假话。

18. 聪明的谍报员

马克被监禁在新西兰。因为在北半球的夏威夷宾馆里，拔下澡盆的塞子，水是呈顺时针方向旋转流进下水道的。而在这个禁闭室，水是呈逆时针方向流下去的。所以，马克弄清了当地是位于南半球的新西兰。

19. 究竟发生了什么

波洛在雪地上只看到了杜弗斯留下的脚印。他还看到，积雪从谷仓的屋顶不停地滑落下来，掉在了杜弗斯认为自己被袭击的地方。原来，可怜的杜弗斯把积雪落下来的声音误认为是外人闯入的声音，而且被从屋顶掉下来的雪块砸伤了。

20. 第一感觉

约翰是男性的名字。律师和会计师都是女性，邮差是这屋里唯一的男性。

21. 摩尔的暗示

摩尔特意选在更夫走到屋子外的时候点亮了灯盏，这样一来强盗拿着刀的影子就很清楚地映在了窗户上，这就是给更夫的一个最好的暗示，所以更夫知道了屋子里有强盗。

22. 老地质队员遇难

公安人员看帐篷支在一棵大树下，就断定此地不是案发第一现场。因为被害人是有经验的老地质队员，他不可能在野外将帐篷支在大树下，如果天气骤变，在大树下会有遭雷击的危险。

23. 聪明的警长

警长说的是："你们可以走了。"当第二个人起身离座时，警长便知道他是装聋扮哑的。

24. 粗心的警察

怀表指针停在 4 时 21 分 49 秒。

我们可以观察到，在 12 个小时内，时针与分针有 11 次重合的机会。时针的速度又是分针的 $\frac{1}{12}$。因此，继上一次重合之后，每隔 1 小时 5 分 $27\frac{8}{11}$ 秒，时针和分针才能再度重合一次。

耐心地计算，午夜零点以后两针重合的时间应该是：（1）1 时 5 分 $27\frac{3}{11}$ 秒；（2）2 时 10 分 $54\frac{6}{11}$ 秒；（3）3 时 16 分 $21\frac{9}{11}$ 秒；（4）4 时 21 分 $49\frac{1}{11}$ 秒。因此，怀表指针停的位置不外乎以上 4 种情况，而那个粗心的警察看到秒针停在有斑点的地方正好是 49 秒处，因此之前怀表指针停在 4 时 21 分 49 秒。

25. 凶手就是他

凶手是代号 608 的光，因为女侦探当时是背着手写下的 608，数字排列发生了变化，正反顺序也颠倒过来，608 就是 809。

26. 哪一间房

史蒂夫敲了 305 房间，因为经理说计算机标示和房间的住客身份完全不符合，表示 305 房间里一定是两女或者两男；如果敲了 305 房间，听出了声音是男或女，就可知道 305 房间里是两男或两女。

假设 305 房间里是两男，则原本的 301 房间里一定是两女，而 303 房间里则是一男一女。

而另一种可能性是，305 房间里是两女，则原本的 303 房间里一定是两男，301 房间里则为一男一女。

27. 侦探波洛

很简单，波洛并没有指明罗丝的哪只脚受了伤，伊丽莎白却已经知道她伤了右脚，证明她看到罗丝被打伤，可她却撒谎说睡着了。原来，她是为了除去情敌，才故意用猎枪打伤罗丝的。

28. 伪证据

目击者说他看见劫匪从户外穿过救生门进了大楼，这是不可能的，因为救生门是在发生紧急情况下的出口，平常是锁着的，只有在情况紧急时才能从里面打开。由于找到了这个破绽，警察申请了搜查证，搜查了这个目击者的汽车，找到了被抢走的钱包。

29. 职员的话

因为职员在说谎，如果小偷从外面撞碎玻璃进来的话，室内的玻璃碎片一定会因被窗帘挡住而散落在窗下，而不会散落一地。所以极有可能是职员监守自盗。

30. 开庭审理

做出如此裁决的原因是坐在被告席对面的主审法官提醒了陪审团：刚才，在律师进行那场"即兴的心理测验"的时候，全厅的目光确实都转向了那扇侧门，唯独被告琼斯例外。他依然端坐着木然不动。因此，可以得出结论，在全厅的人中他最明白：死者不会复活，约瑟夫是不可能在法庭上出现的。

31. 伪造的现场

如果绑架确实发生，那条由床上用品组合成的带子是承受不了绑架者和莎丽两个人的重量的。在这种情况下，他们会把床拽离墙壁，就像报童顺着带子下滑时出现的情况一样。

32. 报案破绽

邻居并未听见狗叫就是证据。如果真的有强盗潜入，受过严格训练的狼狗就会大声吼叫。然而，西边邻居家老头只听到了汽车的声音，这说明凶手是狼狗熟悉的人，也就是狗的主人清水。

33. 行李箱被窃案

犯罪的证据就是那把52号行李箱钥匙的复制品。为了骗取钥匙，这帮窃贼首先存入他们自己的行李，然后派人用复制的钥匙取出别人存入的行李，所以他的口袋里一定有一把同样的钥匙复制品。

34. 财会室起火案
走电失火不能用水灭火，只能用喷射四氯化碳或二氧化碳的灭火器灭火。会计说自己是用水把火扑灭的，又肯定地说火灾系走电引起，这显然违反常规。

35. 被冤枉的狗
如果是狗咬伤莫亚太太，她的裤子不可能完好无缺。

36. 被淹死的人
思维定式是侦探最大的敌人。在海水中溺死是一条重要的线索，同时它也在暗示警察案发地点是在海边，而特里拥有不可能作案的时间证据。

实际上，并不是被海水溺死就一定发生在海边，如果有足够多的海水的话，在浴缸里同样也能作案，然后放掉海水，装满淡水，这只需要10分钟就足够了。

37. 墙外树下
死者脚底板的伤痕是从脚趾到脚跟，是纵向的，若他真是爬树时从树上摔下来的，那么脚底板不会有纵向的伤痕。因为爬树时要用双脚夹住树干，脚底受伤也只能是横向的。

38. 刑期有误吗
氨基比林药片和牙签是秘密传递情报的工具。氨基比林药片，用水冲开后，便成了一种无色的"墨水"。用牙签蘸着，写在纸上，看不见字迹。但是用特殊的方法处理后，纸上的字就能清楚地显示出来。

39. 皇帝、大臣与侍卫
这20位大臣都立刻杀了自己的侍卫。

假设大臣只有A、B两个人，A大臣肯定会想：B肯定知道我的侍卫是好还是坏。如果我的侍卫是好人，他肯定会杀了他的侍卫，结果就会刊登在第二天的报纸上。如果早上的报纸没有刊登这条消息，那么我就在第二天杀了我的侍卫……以此类推。到第 20 天，报纸没有刊登消息，那么所有的大臣就都杀了自己的侍卫。

40. 昏庸的皇帝

那大臣摸出一张纸卷后，装作不小心的样子投入油锅下的灶火中。这样，要判断他刚才摸出的是什么字，只有开箱验看另一张纸卷。当皇帝看到箱中剩下的是一"死"字，就能证明大臣刚才摸出的是"生"字。

41. 被打翻的鱼缸

在黑暗中，当用人与盗贼搏斗时，将大鱼缸碰翻掉在地板上摔碎。电鳗便爬到地板上，而且碰到了盗贼的身体使其触电死亡。

电鳗属于硬骨类电鳗科的淡水鱼。生存于亚马孙河及奥里诺科河流域，长成后，身长可达 2 米。尾部两侧各有两处发电器官。电压可高达 650~850 伏。如果碰到它会受到强电流的打击。连猛兽也会被电死，更何况是人呢？

42. 律师的判断

阿根是伪造遗嘱进行讹诈。遗嘱不可能签署于 11 月 30 日晚上 1 点钟，因为 11 月只有 30 天。

43. 转危为安

王子一听，迅速把手中的水泼在地上，然后对国王说："陛下，我没喝完这碗水。这水已经滋润了您的土地，我肯定是无法喝到它了，请您履行誓言吧。"

44. 巧击德国侵略军

先安排甲、乙、丙 3 人持两张请柬进入指挥部：

甲先借口有事外出，领取一张特别通行证；接着，乙用甲拿出的特别通行证进出第一道岗哨，进指挥部时用请柬的一张红票，然后也借口有事外出，领取一张特别通行证，这时乙的手中就有一张请柬的其中一半红票和两张特别通行证；

丙也用乙的方法获取一张特别通行证。

凭这3张特别通行证，游击队队员们每批通过第一道岗哨3人，然后出1人，以此类推，十几名队员都将陆续安全通过第一道岗哨，埋伏起来。最后，甲、乙、丙3人再进入指挥部，交回三张特别通行证。

45. 蜘蛛告白

蜘蛛吐丝是寒潮来临的信号，这时，法兰西的军队就不用害怕荷兰的水闸放水了，因为水很快会结成冰。

46. 巧过立交桥

罗尔警长马上打开轮胎的气门，放掉了一些气，让轮胎瘪一点儿，卡车就降低了高度，能穿过立交桥底下了。

47.《圣经》阅读计划

亚当斯对审判官说："我得慢慢地品味，每天一行左右。"审判官问："那不是需要几百年吗？"亚当斯说："国王陛下许可我读完《圣经》再被处死，并没有讲什么时候读完啊！"

48. 化学家的声明

吉姆让威廉以一个化学家的身份写份声明，登在报上。威廉在声明里说自己是个化学家，失窃那天晚上放在桌子上的那瓶酒里有毒，谁喝了，不出5天必定中毒身亡。他要求爱好那幅画的朋友尽快到他家服解毒药，否则会有生命危险。盗贼看了声明以后信以为真，第二天便带着那幅画自首了。

49. 谁是匪首

克莱尔探长问："你们的头目衣服怎么穿反了？"土匪们一时没有反应过来，都朝一个人看去，那个人就是土匪头子。

50. 列车上的广播

托尼探长叫乘警通过广播寻医就是要让劫宝杀人犯自动现形。当广播说9号车厢有一位病人需要抢救时，劫宝杀人犯立刻坐不住了，他要去看个究竟。当听说病人已苏醒过来时，他害怕被认出来。所以准备等火车到站后赶紧逃跑，没想到惊慌之下暴露了自己。

51. 装哑取证

琼斯觉得金发女人眼熟，终于想起这是个在逃的通缉诈骗犯。在厕所里，他装作聋哑人，让女诈骗犯把自己要钱的话写在纸上。于是，他以此为证据抓住了这个女诈骗犯。

52. 设宴抓贼

张敞以砍头作为条件，布下了一个"欺骗"计策进行破案。他让小偷头儿穿上差役的衣服上大街去逛，遇着小偷就说："我花钱在官府里买了一个差使干，今后咱哥们儿谁若是有个闪失，我就可以从里面照应了。请通知我的弟兄们，我今天晚上要在香月楼设宴庆贺庆贺！"

小偷们听了，信以为真，一传十，十传百，当天晚上全部到了香月楼。这样，这些小偷便被张敞早已埋伏的几百名差役全部抓获。

53. 电话密码

查理有时捂紧话筒，有时松开手。这样，保安处就收到了查理如下"间歇式"的情报："……我是查理……现在……黑塔旅馆……和目标……在一起……请……快……赶来……"

54. 奇异的案情

警长推测，他们搏斗是在黑暗中进行的，而狼狗只凭早先沾在睡衣上的气味咬人，而这件睡衣是那位史密斯先生事先偷偷地给古董商调换过的。而这一切，又都是他预谋的，所以才发生了"狗咬自己主人的怪事"。

55. 笔记本电脑不见了

迈克尔拿了丽莎的笔记本电脑。他说他昨晚一直在读一本小说。可是昨晚他们到旅馆后过了30分钟就熄灯了，他不可能读完。他一定是用丽莎的笔记本电脑在网上读完这本书的。

56. 聪明的化装师

原来，女化装师是仿照街上张贴的一张通缉犯人的照片来化装的。她把杀人犯的那张脸型移到这个逃犯的脸上，怪不得警察一下就盯住了他。

因为职业关系，化装师要广泛收集脸谱，供化装之用。不料，她留意的一张通缉犯照片，竟派上了大用场。

57. "赌城"拉斯维加斯

茶壶生满了锈，无论谁摸它，手上都会留下痕迹。偷钱的人听了主人的话，心里有鬼，不敢去摸茶壶，所以手上是干净的。以此推断，手上没有锈迹的人就是偷钱的人。

58. 消夏的游客

服务员的建议是：把该人带到美容院剃成光头，三七开式的分界线就会明显地暴露出来。因为盛夏在海滨住了半月以上，分界处的头皮和面部一样会受到日光的强烈照射，头发剃光后，光头上就会出现一条深色的分界线。

59. 钢结构房间

这是一把耶鲁锁（即撞锁，此锁的门内部分没有锁洞）。佛瑞德只要转动一下门插销就可以打开门出去了。

60. 姑娘的手枪

姑娘用的是麻醉枪，她是动物园的驯兽员。

61. 跟踪谜团

事情的结尾是这样的：艾诺回到事务所，看到室内一片狼藉。就连艾诺自认为坚固无比的保险柜也豁然洞开，里面空空如也。当然了，确知此地一周内无人防范，谁都可以悄无声息、从容不迫地撬开保险柜。确实，世上哪有什么真正的热情慷慨之士……

原来，这个戴墨镜的男子使了一个小小的诡计，让艾诺去跟踪那个少女一个星期，赢得了充分的时间，可以不慌不忙地进入空室作案。

62. 半夜敲门

韦尔曼警官是维特的朋友之一，所以他知道，维特没有哥哥。当维特得知门外是韦尔曼警官时，便故意说她哥哥也问他好，他就明白是怎么回事了。

63. 埃里克的解释

这个地方冬天非常冷。由于下雨落雪，使坑里积了水，到夜晚就结成冰。白天，这坑里南面的冰因受太阳的照射，又融化成水，而北面由于没有太阳照射，仍结着冰。这样，北面的水结成冰，而南面的冰又融化成水，沉重的球面便渐渐地出现倾斜，从而非常缓慢地向南移动。其正面的十字架，必然也会渐渐地被遮盖起来。这种物理现象，就是男爵的墓石移动的原因。

64. 惯犯被擒

是一直处于通话状态的电话机发出了报警信号。惯犯用万能钥匙撬锁时，女郎正和朋友通电话，她听到门响，说"请稍候"，其实是对电话中的朋友说的，因此她与小偷搏斗时的喊叫声通过话筒传到朋友那里，她朋友马上报了警。

65. 逃脱的方法

史密夫先将冰箱移至窗户前，再将冰箱门开开关关，利用冰箱内闪烁的灯光发出求救信号。

66. 二战中的间谍

警方忽略了那几封信上的邮票。因为这些邮票都是稀有邮票，每枚价值都在数千英镑以上。

67. 令人瞠目结舌的真相

原来，巴西护卫舰从海洋里打捞上来的并非是求救信，而是广告书。在"西·希罗"叛乱事件发生前16年，有个叫约翰·帕尔明格托恩的人出版了一部名为《西·希罗》(《海上英雄》)的小说。后来由于在广告宣传上下了功夫，该书销路极好。宣传的方式之一就是作者在小说出版之前，往海里扔了5000只封装着摘自《圣经》的著名片断和书稿中求援呼吁内容的瓶子。偏偏有那么一只瓶子被巴西护卫舰捞起，内容又偏偏与叛乱事件相符，以致奇迹般地成了罹难船的救命符。这是作者在16年前始料不及的……

68. 监视的妙方法

原来那4人站在4个屋角，一人可远远监视两个出口，到疲倦时，由另4人顶替。故当查理进行突袭行动的时候，4名警探已躲藏起来休息，故不能参与行动，到双方对抗时才醒来，拘捕了通缉犯及黑社会头目。

69. 奇怪的拳头

原来，那稻草人已变成了彦一自己。他身披稻草，头戴稻草帽，站在那里。偷瓜贼头上挨的拳头正是彦一打的。其实，彦一白天做了稻草人插在瓜地里，并且大肆宣传，让所有的人都知道他干了件"蠢事"。到了晚上，他把稻草人搬进瓜棚里的床上，给它蒙上床单。自己则披上稻草站在稻草人的位置上，等候偷瓜贼来偷瓜。偷瓜贼自作聪明，终于上了彦一的当。

70. 新学期的风波

从小偷翻了前6排座位，只偷了那两样东西来看，小偷事先就知道那三样东西的存在，目的也正是它们。但是玛丽却没有被偷，由此可见，小偷并不知道他们坐在哪些位子上。所以，老师凯瑟琳可以排除在外，她所说的话当然也是真的了。

那么，知道他们那三样东西，又没有不在场证明，也不知道他们座位的人，只剩下老爷爷和准备去教务处办理转学手续的理查德同学。但是，老爷爷挂着拐杖，不可能跳过围墙。所以，窃贼就是理查德。

至于理查德为何没有跟同学们一起去上体育课，前面已经说了——他要去教务处办理转学手续。

71. 终日不安的罪犯

事后张某才知道，由于晚间看不清，加上他性急慌忙，把那封信投到举报箱里去了。

72. 婚礼灾难

苏菲的丈夫文森是个骗子，他是该观光客轮的一等水手。为了骗取苏菲的两万美元，他使用假名，隐瞒船员身份，同她闪电般地结了婚。在码头上，他同苏菲一起上舷梯时，穿的是便服，以便不暴露身份。二等水手以为上岸的一等水手回来了，怎么也不会想到他是苏菲的新郎。所以在苏菲向他们询问时，说了那样一番话。文森还在船舱的门上贴上了假号码。第二天早晨，打电话把苏菲叫到甲板上并企图杀害她的也是他。

73. 阳台上的枪杀案

凶手就是射击运动员，他趁伊里杰夫练习倒立的时候，从二楼阳台往上射击。

世界流行的心理测试游戏

1. 认识另一个自己

【情景测试】

我们经常会产生这样的疑惑，我到底是怎样的一个人？我的那些感觉是怎么来的？其实对每个人来说最陌生的人是自己，最熟悉的人还是自己，也许我们可以通过这样一个测试，用一朵儿时的小红花，来让你认识另一个自己。

把自己带入到儿童时代，当你站在班级墙壁上的红花榜前，你是带着一种什么心态：

1. 觉得无所谓，对是否获得小红花没有特别在意→A 类型

2. 十分渴望获得小红花，为了获得小红花，你会怎么做？

努力学习，以好成绩赢得老师的表扬→B 类型

通过各种课外活动获得老师和同学的认可→C 类型

贬低其他同学来抬高自己→D 类型

【完全解析】

A 类型：你消极地对待目前的生活，缺乏合理的自我意识，并对这个社会的竞争不感兴趣。

B 类型：你自我意识正常，一般会适时主动地发挥自身优势去赢得社会的认可。

C 类型：你带有强烈的自我意识，有点儿以自我为中心，更加在意社会对自己的评价。

D 类型：你是极端自我的人，只有不断地被他人认同与赞美，才会有极大满足感。

2. 看破你的自我意识

【情景测试】

在童话故事里，镜子带着神秘又强大的魔力，可以无所不知，无所不能。现在设想这样一个情节，当你走进一个陌生的房间里，而这个房间里摆放了各式各样的镜子，你最想在这个房间里看到怎样的场景呢？

A. 只有自己的影子，没有其他东西

B. 在离你很远的地方有几个游客在参观

C. 在你的周围有几个游客在参观

D. 你的周围聚集着很多参观的游客

【完全解析】

选择 A：你是一个极其自我的人。强烈的自我意识已经占有了你全部的心思，你习惯于以自己为中心，其他人、事、物，很难让你提起兴趣。

选择 B：你是一个自我意识与他人意识明确的人。你把自我与他人的界限定位得十分清晰，你很注重给自己保留一定的自我空间。

选择 C：你是一个保留部分自我意识的人，但更多的时候"自我"的观念不是太强烈，较容易受到他人意见的影响。

选择 D：你是一个比较缺乏自我意识的人。你很害怕自己一个人，喜欢很多人一起待着，过分依赖人际关系，正因为这样，你经常因为别人的意见而改变自己的想法。

3. 你的弱点在哪里

【情景测试】

假设有一笔私房钱,不想让别人发现,你会藏在自己房间中哪个地方?

A. 电视机附近

B. 床底下或附近

C. 书中或书柜里

D. 镜子后面

【完全解析】

选择 A:你很希望受到大家的欢迎,也有着强烈的表现欲,正因如此,你过于在意别人的想法。

选择 B:你是不是常常怀疑自己工作或日常生活中的决定?是否有着良好的生涯规划却迟迟无法实行?不自信,是你的症结。

选择 C:你是不是经常犹豫迟疑,心中想了千百遍,却无法下定决心行动起来?你需要增加行动力,相信你一定会有更好的表现!

选择 D: 你是不是觉得自己的外表并不起眼,甚至想过要采取整容等能使自己变美的方式呢?其实每个人都有其独特的气质,即便长得普普通通,也可以让自己浑身散发着一股迷人的气息。

4. 座位透露你的性格

【情景测试】

一个人在选火车座位时的喜好不仅关乎可以看到怎样的风景，也可以透露出一个人的性格。不信？那我们来做一个测试吧。

当你坐火车出差或旅游时，在不需要对号入座时，你会选择什么座位呢？

A. 靠窗的位置　　　　　B. 靠过道的位置

C. 靠门的位置　　　　　D. 中间的位置

【完全解析】

选择 A：你是一个喜欢有一定的时间和空间独处的人，内心表现欲很强，但有时候又可以把这种欲望隐藏起来。你在做事时略显冲动，热情来了会先行动后思考。

选择 B：你是一个自我保护意识很强的人，谨慎小心是你的风格，喜欢自由自在，不愿受到过多的约束。

选择 C：你是一个事业心强大的人，但你也讲究生活品质，不会只有事业而没有生活，不会为金钱疲于奔命。

选择 D：你是一个喜欢顺其自然的人，理想的生活状态就是悠闲自在，虽然也有对事物的好奇心，但一旦感觉对自己不利，就会十分理智地远离。

5. 你是一个有责任感的人吗

【情景测试】

你是那种没有责任感、每个妈妈都不放心让儿女与你交往的人吗？通过下面的测试，你可以看看你的责任感如何。每个题目你只需答"是"或"否"。

【计分方法】

如果回答"是",请为自己计上1分,如果回答"否",请为自己计上0分。

1. 与人约会,你通常准时赴约吗?
2. 你认为自己可靠吗?
3. 你会因未雨绸缪而储蓄吗?
4. 发现朋友犯法,你会通知警察吗?
5. 出外旅行,找不到垃圾桶时,你会把垃圾带回家去吗?
6. 你经常运动以保持健康吗?
7. 你不吃有害健康的食物吗?
8. 你永远先做正事,再做其他事情吗?
9. 你从来没有错过任何选举活动吗?
10. 收到别人的信,你总会在一两天内就回信吗?
11. "既然决定做一件事情,那么就要把它做好。"你相信这句话吗?
12. 交到你手里的事,你从来不会耽误,即使自己生病时也不例外吗?

13. 你曾经犯过法吗？

14. 在求学时代，你经常拖延交作业吗？

15. 小时候，你经常帮忙做家务吗？

【完全解析】

10~15分：你是个非常有责任感的人，行事谨慎、懂礼貌、为人可靠并且诚实。

3~9分：大多数情况下，你都很有责任感，只是偶尔会率性而为，做事欠考虑。

0~2分：你是个完全不负责任的人。你一次又一次地逃避责任，造成每个工作都干不长，手上的钱也总是不够用。

6. 花朵代表的心理状态

【情景测试】

每个人都有自己偏爱的花朵和颜色，而这也代表了不同的心理状态。春天里来百花香，小小蜜蜂采蜜忙。假设你是一只快乐勤劳的小蜜蜂，正在花丛中采蜜，你会选择哪种颜色的花当作第一个落脚点呢？

A. 白色的樱花　　　　B. 粉红的蔷薇

C. 火红的玫瑰　　　　D. 金色的郁金香

E. 青色的兰花　　　　F. 蓝色的玫瑰

G. 淡紫的薰衣草

【完全解析】

选择A：白色系的花代表着纯真和恬静。一般选择此类花的人，对生活要求也很低，希望一切简单化，保持着纯真自然。

选择B：粉红色系的花是钟情梦幻色彩的浪漫小女生的最爱，这类人通常对他人的关心超过了自己，细心体贴、温柔善良、待人和气是她们最吸引人的地方。

选择 C：大红色系的花代表着张扬、奔放的个性，选择此色花的人多是性情中人，做事情注重自己的真实感受，也不善于掩饰自己的真情实感。

选择 D：喜欢金黄色系的花的人独立自主、感情强烈。这类人比起常人更注重追求自己的理想，换个角度讲，这类人是不折不扣的理想主义者。

选择 E：选择青色系的人通常处于矛盾状态，介于成熟与不成熟之间，偏向感性。选择此色系花朵的人青涩、朴实，同时具有一定的潜力。

选择 F：蓝色是忧郁的代名词，所以选择蓝色系的人通常缺少打破常规的勇气，但面对现状，比较积极、上进。

选择 G：紫色代表高贵，选择紫色花朵的人无疑是自我满足或自我陶醉的人。相对于选择其他色彩的人来说更自我，也更高傲。

7. 你和他人的关系

【情景测试】

这天晚上，你终于等到了期待已久的比赛，并花了不少钱买了一张入场券，你期待在球赛现场见到自己喜欢的球星。距离球赛还有一个小时，你正要从家里出发，刚好你的好朋友 A 打电话来，向你倾诉自己的遭遇，因为她今天被老板辞退了。这时候你是继续去看比赛，还是去安慰好朋友呢？

A. 二话不说立刻赶到朋友家，安慰她。

B. 有点犹豫不知道如何是好，很想去看比赛，但在聊天过程中发现朋友的情绪很差，最后还是放弃了看比赛去她家陪她。

C. 在电话里劝说自己的朋友，使她情绪稳定下来，但告诉她你现在手头上有很重要的事,要过几个小时才能去陪她。

D. 直接在电话里告诉她你现在很忙,不能去看她,但是可以另找时间和她详谈。

【完全解析】

选择 A:你是一个很乐意帮助别人的人,在朋友需要的时候会马上挺身而出,但也往往会因此忽略了自己。

选择 B:你很想保护自己,但又不愿意伤害自己的朋友,证明你在自己的利益与朋友的利益之间患得患失,犹豫不决。

选择 C:你十分清楚自己的定位,知道自己要什么,很少会因为要去取悦别人而感情用事。遇到问题时,你懂得将自己和他人的利益进行平衡。

选择 D:你活在自己的世界里,你是一个完全自我的人,你与他人之间有一条明显的界限。除了自己,几乎没有别的什么可以改变你的意志。

8. 你是"自我"的人吗

【情景测试】

在生活当中,一个比较"自我"的人会因为忽略他人的感受而遭遇到尴尬的处境,你是一个这样的人吗?快来做一个有趣的心理小测试来了解自己吧。

当你和朋友或其他人一起吃饭,在点菜的时候你会怎么做?

A. 只点自己想吃的菜,不管别人是否喜欢。

B. 跟着别人,别人点什么就吃什么。

C. 先把自己的意愿表达出来。

D. 主动点菜,再咨询别人的意见,再做更改。

E. 点菜的时候犹豫不决，慢吞吞的。

F. 先让店员介绍一下菜式再点菜。

【完全解析】

选择 A: 你是个乐观派，生活中完全不拘小节。你做事果断但不计后果，在你看来，只要价格合适应该迅速做出决定。

选择 B: 你是从众型的，做事小心翼翼，缺乏自己的想法。你往往忽视了自我的存在，对自己没有信心，大概已经忘了自己可以做选择，常立刻赞同别人的意见。

选择 C: 你性格直爽、胸襟开阔，一些难以启齿的事也可以若无其事地表达出来。你待人不拘小节，为人磊落，即便有时说话刻薄了一点儿，也不会被人记恨。

选择 D: 你是小心谨慎的人。你给人最直接的印象是软弱、不堪一击，因为你想象力太丰富，在细节上过分讲究，缺乏掌握全局的意识。

选择 E: 你做事一板一眼，讲究安全第一。但有时候过分谨慎，过多考虑对方立场。在听取别人观点的同时，别忘了自己最真实的想法。

选择 F: 你自尊心强，最不能接受别人的指挥。做任何事都追求不同凡响，总是坚持自己的主张。你做事积极，在待人方面，懂得维护双方的面子。

9. 你是一个善于沟通的人吗

【情景测试】

善于沟通的人会有很多成功的机会，但并非人人都有这种本事，不过没关系，慢慢学习就是了。通讨下面的测试，你不仅会知道自己是否是一个善于沟通的人，而且还会知道怎样做才恰如其分。每个题目你只需要答"是"或"否"。

【计分方法】

以下问题，单数题答"是"者记 0 分，答"否"者记 1 分；双数题答"是"者记 1 分，答"否"者记 0 分。最后汇总得分。

1. 和同事发生争执，你会不知不觉地提高音量吗？
2. 你叫得出公司里八成以上人的名字吗？
3. 看到讨厌的人，你会假装没看见吗？
4. 你和同事相处愉快吗？
5. 遇到不合理的事情，你会抗争到底吗？
6. 昨天才和你吵过架的人，今天你能愉快地跟他聊天吗？
7. 购物时遇到态度不好的店员，你会跟他起争执吗？
8. 同事帮你买错盒饭，你还是很感谢吗？
9. 和朋友出去玩，你会坚持自己的意见吗？
10. 保持和谐的状态是很重要的事吗？

【完全解析】

0～4 分：完全自我型。你是个以自我感受为主的人。这样的你，可以过得很随意，但面对团体生活时，难免会因为不懂得委屈自己，而招致许多不必要的麻烦。

5～7 分：择善固执型。你较容易沟通，但是对某些你认为对的事情,还是十分坚持,认为总是保持微笑很辛苦。最好选择了解你的人当你的合作伙伴。

8~10分:善于沟通型。你是个左右逢源的人,这并不表示你很伪善,应该说你能将心中的不满隐忍下来,或者想办法化解,是个能和别人和谐相处的沟通高手。

10. 扑克牌隐藏的内心秘密

【情景测试】

别看扑克牌很普通,它可以揭示一个人内心的秘密!相传扑克牌是根据历法设计而成的,因为一年中有52个星期,所以一副扑克牌有52张。红桃、方块、草花、黑桃四种花色分别象征着春夏秋冬四个季节。

四种扑克的花样,你最喜欢哪一种?

A. 红桃 B. 黑桃 C. 方块 D. 草花

【完全解析】

选择A:红桃象征着智慧和爱情。

选择B:黑桃象征你希望安定。

选择C:方块象征财富。

选择D:草花象征运气。

11. 选择与放弃

【情景测试】

有时选择意味着放弃,而放弃又意味着另一种选择。爱情征程从来没有一帆风顺，有时候总需要有一个人做出牺牲。所谓鱼和熊掌不可兼得，你是如何处理爱情中的矛盾呢？

有一天做梦，梦到一位友善的爷爷送你一棵仙草，嘱咐你要把它种下并保管好。在种好之后，你会把它放在：

A. 小花园里 　　　　　B. 自己房间的书桌上
C. 随身携带 　　　　　D. 藏在一个隐蔽的地方

【完全解析】

选择 A：你的处世准则就是安身、立命而后成家，你非常看重自己的名声。

选择 B：你是个理智的人，你平时喜欢过有质量的精神生活，很难想象，如果没有了阅读和思考，你的生活该有多么空洞和无聊！

选择 C：你觉得自己的生命比较宝贵，可能你认为你在这个世界上比较重要。在你心中，健康休闲是第一位的！

选择 D：你爱好广泛，对他人充满怀疑。你好奇心很强，又不希望别人知道自己的心思。如果别人干扰你的隐私，你就会非常介意。

12. 你的戒备心强吗

【情景测试】

你是一个戒备心理很强的人吗？可以从这个测试看出你性格的另一面。

假设你正在沙漠中旅行，此时的太阳很强烈，你已经很口渴，又累又热，突然你看到前面有一片绿洲，只有一间小木屋，屋主不在，屋门是开的，恰好桌上摆着一杯你日思夜想的清水，这时候的你会怎么做：

　　A. 不管三七二十一，一口喝下去。

　　B. 心里有一阵犹豫，但还是忍不住一口一口喝下去。

　　C. 想都不用想，坚决不喝。

　　D. 有所顾忌而不敢喝。

【完全解析】

　　选择 A：你对人没有什么防备心，不谙世事，对陌生人也坦诚相待，一如知己。

　　选择 B：你是个有点儿阅历的人，看问题有自己的见解，也能够坚持自己的想法。

　　选择 C：你是一个没有安全感的人，对周围的人充满了警惕心，丝毫不相信别人。

　　选择 D：你对自己很没有信心，很多事情宁愿交给别人判断。

13. 面对内心的"鬼"

【情景测试】

　　每个人内心深处都隐藏着自己不敢面对的"鬼"，它无时无刻不在影响着你的生活。你想知道在自己心灵深处住的是什么样的"鬼"吗？做一做下面的小测试就知道了。

　　有一天，一只大肥猪和一只小瘦猪在森林里遇到了一只大灰狼，

你觉得这个故事怎么接下去比较合理呢？

　　A. 大肥猪吓唬小瘦猪说："大灰狼要吃掉你啦！"

　　B. 小瘦猪害怕地对大灰狼说："别吃我，我又瘦又小，大肥猪才可以做出更多的肉肠。"

　　C. 大肥猪对小瘦猪说："别怕，我可以保护你，我又大又壮。"

　　D. 大肥猪和小瘦猪都被大灰狼吃了！

　　E. 它们三个其实是好朋友。

【完全解析】

　　选择 A：你内心的"鬼"是一个有霸权主义的将军。无论你平时给别人的感觉是多么温顺，内心的你都是一个充满优越感的人。你也是一个自信的人，在某些方面你甚至觉得自己比别人优越很多，你就算帮助别人时也是想展现自己的这种优越感。

　　选择 B：你内心的"鬼"是一个胆小怯懦的小女孩。你是一个缺乏安全感的人，经不起任何的突发状况，一旦发生异常状况就会忧郁不安很长时间。为了保护自己，你的思想和行为也容易因为害怕而变得具有攻击性。

　　选择 C：你内心的"鬼"是一个乐观、具有正义感的"英雄"。你希望这个世界是公平的，你也承认世界上美好和邪恶并存，而且相信通过自己和大家的努力，邪恶也能被消灭。因此在日常生活中，你积极努力去争取，不容易放弃！

　　选择 D：你内心的"鬼"是一个老成持重的老人。你有着和年龄不相称的成熟，有自己的一套惯性思维来看待进行中的事物。有时候会因为悲观的预测，而放弃努力的机会；有时候遇到喜欢的东西，也会把它当作是"无理要求"而压抑自己的情感。

　　选择 E：你内心的"鬼"是一个天真乐观的小孩。你就像一个天真无邪的小孩一样，对这个世界充满乐观和积极。你希望所有邪恶的事物都被美好所感化，所以，你对他人是真诚的，没有任何防备之心。

14. 你是否是一个有心计的人

【情景测试】

你看过 TVB 的《宫心计》吗？里面一个个玩弄心计的坏人是不是让你觉得咬牙切齿？而现实中的你是不是一个有心计的人呢？做做下面的测试就知道啦。

以下哪个活动是你觉得春节一定要做的？

A. 贴春联　　B. 拜年　　C. 讨红包　　D. 团圆饭

【完全解析】

选择 A：心计指数 15%。你是一个心胸光明的人，在你的心中，一个人如果善于玩弄心计就不是一个光明磊落的人，你唾弃别人这么做，你自己也不会那么做。你做人、做事都是规规矩矩，按自己的能力来，特别讨厌那些见不得人的小动作。你本着诚实、豁达的心态对人对事，是难能可贵的品质，但你要知道，社会上不是每个人都这么善良，不是人人都值得以礼相待的，你要小心从背后射过来的冷箭。

选择 B：心计指数 30%。你是一个天真无邪的人，有时候你会觉得玩点儿小心机也不错，但你在这方面的确不是能手，想的计谋脱离实际，基本没有可操作性，而且执行过程中还沉不住气，三两下就露了自己的底。劝你还是不要和别人玩这一套，因为你不是对手，免得最后"机关算尽太聪明，反误了卿卿性命"。

选择 C：心计指数 50%。你是一个心肠软的人，你是否会耍心计就得看你想不想了。你具备玩弄心计的本事，但你会因为软心肠而放弃实施计划，其实你的计划是很完美的，就是不够狠。即使好不容易狠下心开始执行了,也无法做出最后的一击。

选择 D:心计指数 87%。你是一个典型的怀柔分子,"笑面虎"是你的代名词,你在外人看来绝对是一副笑容可掬的样子,因为你认为双方合作才能成大事。可是,一旦有人触犯或阻碍到你,你就会用计策算计对方,比对方还狠,毫不手软。

15. 你在哪方面最输不起

【情景测试】

你有没有问过自己,什么是你一生中最输不起的事情?感情?事业?还是金钱?如果你还不清楚自己在哪方面最输不起,就让这个测试告诉你吧!

假设你参加聚会时,有人在不停地大声笑闹,你的反应会是什么?

A. 懒得理会

B. 酸酸地说上几句

C. 坐在自己的位置上,大声训斥几句

D. 摆出一张臭脸

【完全解析】

选择 A:你在"金钱上"最输不起。你很爱自己,觉得生活要有品位,而且要有质量,不喜欢装穷。你觉得人生苦短,为什么要让自己过得这么不舒服,所以尽量让自己过得好一点,对家人

好一点，让生活质量维持得很好。

选择 B：你在"感情上"最输不起。你内心非常脆弱，有自知之明，知道自己如果在感情上受到伤害的话，可能要花很长的时间让自己恢复疗伤，所以当发现和另一半感情破裂的时候，会赶快分手，这样疗伤期就可以变短。

选择 C：你在"工作上"最输不起。你很享受工作上的成就感，掌声、收入对你而言非常重要，所以只要你下定决心就可以做到最好，有人扯你后腿你会很不高兴。

选择 D：你对"任何事"都输不起。你好面子，觉得自己的尊严很重要，自尊心非常强，如果别人的挑衅让你感到受不了，你反扑的力道会让人吓一大跳。

16. 你的优点在哪里

【情景测试】

每个人都存在着优点和缺点。缺点容易被人注意到，而优点却容易被人忽视掉了。只要能找出自己被隐藏的优点，并且将它无限扩大化，那么你的优点就能表现出来，被大家了解到。以下测试将发现你的优点，记得要好好把它发挥出来。

下面有 6 种状况设定，请从中选择一种你觉得最无法忍受的。

A. 虚伪做作　　　　　　B. 对老人和小孩不友善
C. 不遵守约定　　　　　D. 欺负小动物
E. 混黑道　　　　　　　F. 欺善怕恶

【完全解析】

选择 A："诚实"必胜：诚实、正直是你最大的优点。你反对用谎言来包装自己，希望以真实的自我来获得他人的肯定。你的坚持，会让大家对你的信任感与日俱增。

选择 B："同情心"必胜：你的同情心非常旺盛，看到需要帮助的人和事，会忍不住想要贡献自己的力量。许多人都是因你而获得快乐，这个社会也会因有你这样的人而变得更祥和。

选择 C："责任感"必胜：你非常注重人与人之间的信赖，会努力遵守约定，答应别人的事也一定会做到。这样的你，当然是大家最欣赏的人。

选择 D："正义感"必胜：即使要牺牲自己，你照样会义无反顾地选择仗义执言。因此，你的正义感总是为你带来许多友谊。你那铲奸除恶的精神更会为你赢得赞赏与信赖。

选择 E："同情心"必胜：你总是可以设身处地地为周围的人着想，你的协调能力、自我约束能力都很强。你的善解人意更让人时时刻刻都想亲近你。

选择 F："耐力"必胜：你是属于"路遥知马力"的类型。年纪越大，你的这个优点就越会体现出来。你总是默默地耕耘，大家都会对你十分敬佩。

17. 性格的"急"与"慢"

【情景测试】

你是一个有着怎样性情的人呢？是雷厉风行的急性子，还是一个慢条斯理的慢性子？来做一个小测试吧，从中你可以知道自己是什么"性子"的人。

【计分方法】

选 A 记 0 分，选 B 记 1 分，选 C 记 2 分。

1. 原本和好友约好星期日去图书馆看书的，但在星期六晚却下起了滂沱大雨，这时你会怎么做：

　　A. 立刻打电话与好友商量

　　B. 打电话咨询气象台明天的天气情况

　　C. 明天再打电话

2. 由于刮台风，学校提早放学，你决定：

　　A. 自己坐车回家，并打电话告诉家人

　　B. 先到同学家玩一下再说

　　C. 问老师应该怎么做

3. 逛街时，有条恶狗追着你的同伴，你会：

　　A. 向路人求救　　　　B. 帮忙把恶狗赶走

　　C. 不知所措

4. 买衣服时，发现钱不够，你会：

　　A. 和店员砍价　　　　B. 把商品退回，再挑选别的衣服

　　C. 什么也不买，直接回家

5. 乘电梯时，突然停电，你的第一个反应是：

　　A. 按警铃并高声呼救　　B. 耐心地等待来电

　　C. 不知道该怎么办，大哭起来

6. 回家时发现忘了带钥匙，怎么办？

　　A. 打电话给家人　　　　B. 先去别的地方逛一圈再回来

　　C. 站在门口等家人回来

7. 正在收看自己喜欢的电视节目，画面却被干扰看不清，你会：

　　A. 把电视关了，不看了　　B. 到邻居家看

　　C. 发脾气、责怪电视台

8. 上街和家人失散了，你怎么办？

　　A. 找警察或别人帮忙　　B. 站在原地等家人来找

　　C. 四处寻找家人

9. 闹钟坏了，上学（上班）迟到了，怎么办？

A. 算了，反正迟到了，慢慢来

B. 以最快的速度去上学（上班）

C. 装病请假不去了

10. 已经完成资料准备（做好了作业），却忘记带给上司（带到学校），怎么办？

A. 没办法，如实向上司（老师）说明情况

B. 临时重新做一份

C. 太难受了，干着急

【完全解析】

0～4分："慢郎中"型。你遇事还是很淡定从容的，如果能灵活一点，你能成为众人的偶像！

5～10分：机灵敏捷型。你是一名"急先锋"，遇到事情时会主动提出意见，这给朋友带来不少帮助，但千万警惕自傲的想法。

11～15分：处事谨慎型。你给大家的感觉是"处事很有分寸"，但你还是不够勇敢，如果可以提高自己的勇气，你会收获更多。

16～20分：过分小心型。你一直都害怕孤独，以至于怕得罪别人，使别人不高兴。你应该克服这种心态，可以与别人商量一下，不用害怕别人会介意，其实他们会给你一些意见的。

18. 自信指数

【情景测试】

自信是每个人都应该具备的素质，你是一个充满自信的人吗？快来测一测你的自信指数吧。

一位朋友为你画了张画像，你觉得哪个部位应该画得最好呢？

A. 眼睛　　B. 眉毛　　C. 嘴巴　　D. 鼻子

【完全解析】

选择 A：自信指数 80 分。你的感情丰富细腻，是一个自信满满的人，甚至有些自恋。喜欢得到他人的赞美，但又怕给人一种骄傲自大的感觉，所以平时的你很低调，极少表现自信的一面。

选择 B：自信指数 60 分。你是个冷静、懂得平复情绪的人，外表看起来相当知性聪颖，但实际上并不自信，对于外貌更是心虚。好在你平时话不多，却常常能够一鸣惊人，让人印象深刻。

选择 C：自信指数 50 分。表面上看起来你很喜欢社交和热闹的生活，但实际上没有几个知心朋友。对于自信一事你自己也不太清楚，更多时候随感觉行事。你总会把自己打扮得光鲜夺目，就是怕被人看见自己的狼狈状态。

选择 D：自信指数 95 分。你是个意志力坚强的人，时刻都散发

出一种独特的魅力，不会因外表而影响自信指数。你任何时候都可以展现自己的优点，但给人一种强势的感觉。

19. 美食中的个性

【情景测试】

提到美味的食物，你肯定在吞口水了吧，你有想过对美食喜好的不同也可以看出你的个性吗？做做下面的测试，来体验一下吧。

以下有五种食物，请你挑选出自己最喜欢的食物。

A. 牛肉面（越辣越过瘾）

B. 海陆大餐（好吃真好吃）

C. 披萨（越脆越香）

D. 炸鸡块（多汁多滋味）

E. 蛋糕（越吃越高兴）

【完全解析】

选择 A：爱好吃辛辣食物的人，本身也是一个脾气火爆的人，性格中带有孤傲，愤世嫉俗，不喜欢那些虚伪的社交活动和礼尚往来，但对建功立业、可以成为名留青史的英雄却很感兴趣。

选择 B："山珍海味"，这代表你是一个乐不思蜀的人，为人豪爽仗义，不拖泥带水，拥有坚韧不拔的性格。但也有明显的缺点，就是不够冷静，有时候会过度挥霍劳动成果，只怕会坐吃山空，应该要多加警惕。

选择 C：喜欢吃"薄饼"的人，为人也比较小气刻薄，在人群中经常扮演叛逆的角色，给人一种自以为是的感觉。但是，那些杰出的艺术家、科学家往往都具有这种风格。

选择 D：这种人属于懒得动型的后现代主义者，感情"脆"弱、生怕寂寞，举手投足像只小绵羊一般温驯，欠缺冲劲。

　　选择 E：喜欢吃"甜点"的人一般拥有温和谦逊的性情，乐于助人，是一个很容易相处的人。跟这种恬淡个性的人做朋友是最好的选择，他们没有火热的激情，但如甘泉一般，交往越久，感情就越弥坚。

20. 测试你的心理有多幼稚

【情景测试】

　　很多人的心智年龄跟实际年龄是有差距的，有的人大智若愚，随时为生活添点料；有的人却是看起来成熟，心理却还是个小孩子。你是个幼稚的人吗？快来做做下面的幼稚指数测试，看看你的幼稚指数到底有多高！

　　如果你是童话故事中想吃掉 3 只小猪的大野狼，你觉得用哪一种方法可以吃掉它们？

　　A. 用烟把小猪熏到晕倒　　B. 等小猪没戒心自己出来

　　C. 从烟囱偷偷爬进屋内　　D. 用槌子把门整个砸坏

　　E. 模仿猪妈妈的声音骗其开门

【完全解析】

　　选择 A：你活在童话世界中，幼稚到了极点，让大家都担心。你的幼稚指数为 70%：这种类型的人凭着感觉走，想要做什么就做什么。

　　选择 B：你不但不幼稚，而且成熟过了头，小心未老先衰。你的幼稚指数为 20%：这种类型的人对很多事情已经懂得放手，明白强求其实是没有用的，因此会用等待的方式来处理事情，不管是工作还是爱情。

选择C：你自知已经半大不小，必须学习独立自主。你的幼稚指数为55%：这种类型的人知道做事情要利用方法，在人生的路途中你会慢慢让自己学习成长。

选择D：直到被撞得满头包，伤痕累累，你才知道不长大不行了。你的幼稚指数为80%：这种类型的人比较大男人或大女人，表面上很成熟，其实内心是非常幼稚的。

选择E：你的心智成熟，足以当别人的心灵导师了。你的幼稚指数为40%：这种类型的人会用沟通的方式跟别人做进一步的交谈，处理事情的时候会很有耐心而且能够抓住人性。

21. 你的自恋情结

【情景测试】

墙角的花，当它孤芳自赏时，世界就变小了。冰心用优美的文字勾勒了花的一种自恋姿态，而在你的性格当中是否也隐藏着自恋情结呢？做一做下面的小测试，便可知晓。花店摆放了各种形态的水仙，你会买哪一盆放置案头呢？

A. 1朵小小花骨朵　　　　B. 1朵水仙枝头绽放

C. 数朵小小花骨朵　　　　D. 数朵水仙已然绽放

【完全解析】

选择A：你对自己的喜爱小心翼翼，也许只是不讨厌自己而已。

选择B：只有一朵水仙花绽放说明你有自恋情结，并且喜欢在别人面前展现自己。

选择C：数朵花骨朵代表了其实你很自恋，但是还不到自负的程度。

选择D：水仙花开得越多，说明自恋程度越深。

22. 社交心理成熟度

【情景测试】

在社会中免不了与人交往，有圆熟的交往技巧就显得十分重要了。简单地说，就是要具备老辣的社交技巧。那么你具备这种技巧吗？不妨测一测。

【计分方法】

选 A 记 5 分，选 B 记 3 分，选 C 记 1 分，选 D 记 0 分。

1. 当老板让你去做一件你觉得很难做到的事情，你会怎么办？

A. 你会咬紧牙关，花费几小时拼命为他工作

B. 做到某种程度而发觉不行时，便将情况向老板汇报

C. 即使求助于他人也要把工作做好

D. 自己无法做的事，会放弃不做

2. 如果有两位相熟的异性同时向你示爱，你会怎么处理？

A. 把两人叫过来加以详谈后分开

B. 在两人中只与一位适合自己的人交往

C. 在两人之间周旋

D. 将两人视为普通朋友，同时交往

3. 当你在工作上感到不顺心不如意时,会用哪种方式来发泄呢?

A. 到常去的酒吧喝酒　　B. 出去散步使心情平静

C. 到一些娱乐场所消遣　D. 到朋友家向他诉苦

4. 如果你从朋友口中得知,另一个朋友在背后说你坏话,你会怎样?

A. 默默地承受而不加理会

B. 与说坏话的朋友一起出游,将误解澄清

C. 直接找说坏话的朋友去算账

D. 找说坏话的朋友问清情况

【完全解析】

20～18分:如果你可以再成熟一些,就能体会爱的真义。在社交方面,你的心理相当成熟,但是在个人生活方面就不太成熟了;而这种不平衡也是你性格上的魅力,因为它令人有新鲜感,会让人产生想要探知的欲望。

17～14分:你的心理还不够成熟,正在成长中。你的兴趣广泛,无法局限在一件事上,所以应该先做要紧的事;如能有所取舍,你会成熟得更快。你是个有前途的人,会很快掌握社交技巧的,但在这个过程中需要承受一些心理上的考验。

13～8分:你的社交技巧可以说相当贫乏,你的心理还很幼稚,甚至未考虑成熟问题。对你而言,实践比学习更重要,但学习也不能忽略。

7～0分:你对爱的看法相当成熟,但心理成熟是没有界限的,所以应该想办法使自己能与人相得更好。你现在需要加紧努力的是,注意与周围人搞好关系,千万别脱离集体,要合群。

23. 你是否是一个合群的人

【情景测试】

在充满艺术气息的秋天,如果你和朋友第一次去参观美术馆,进门后有左、中、右三个方向,你会从哪里开始参观呢?透过参观的顺序来看一看你是否是个合群的人。

A. 进门后向右参观

B. 进门后直行

C. 进门后向左参观

【完全解析】

选择 A:你是个自得其乐的人,不想引人注目。你善于自己平衡个人的不平与不满。大多数情况下,你不违反大众认可的意见,并能快速融入群体。"不求有功,但求无过"是你的人生信条,这种态度其实非常消极,你要注意适时调整。

选择 B:你是个"直肠子",喜欢直截了当。不过,你行事常常缺乏计划性,走一步算一步。总之,你是个乐天知命者,不在乎细微末节,总是少一根筋。

选择 C:你极不合群。你充满反抗情绪,并宣称自己"有个性"。实际上,你与人交往时比常人敏感,有时往往是懦弱的。总之,你排斥别人,只认同自己的想法。

24. 测测你是哪种交际类型

【情景测试】

不同的性格在社交活动中演绎的角色类型也不同。来到一个新的环境里,我们常常需要主动与人接触,才能建立自己的社交圈。而弄清自己适合的交际类型，有助于让你的交际更加顺利地进行。你想知道自己属于哪种类型吗？请对下列问题做出"是"或"否"的选择。

【计分方法】

第 1、2、3、4、6、7、8、9、10、11、12、13、16、17、18 题答"是"记 1 分，答"否"记 0 分；第 5、14、15、19、20 题答"否"记 1 分，答"是"记 0 分。

1. 碰到熟人时，我都会主动同他（她）打招呼。
2. 我会主动给朋友写信以表达我的思念。
3. 在旅行的途中，我经常与陌生人闲谈。
4. 有朋自远方来，我从内心里感到高兴。
5. 除非有人引见，否则我很少主动与陌生人讲话。
6. 我喜欢在群体中表达自己的观点和看法。
7. 我同情弱者。
8. 我喜欢给别人当参谋出主意。
9. 我喜欢有人陪我做事。
10. 我很容易被朋友说服。
11. 我很注意自己的仪表。
12. 如果约会迟到我会长时间感到不安。
13. 我与异性交往甚少。
14. 我到朋友家做客感到很自在。
15. 我不在乎与朋友乘公共汽车时谁买票。
16. 我给朋友写信时喜欢讲述最近的烦恼。
17. 我常能交上知心朋友。
18. 我喜欢与之交往的人具有独特之处。
19. 我觉得随便向别人暴露自己的内心世界是很危险的事。
20. 我很慎重地发表意见。

【完全解析】

1～5题测试交往的主动性，得分高者意味着交往的主动性水平高，在交往上偏于主动型，反之则表示偏于被动型。主动性高的人结交朋友相当主动，但被动型的人则总是等着别人主动，自己几乎不会去主动与人套近乎。

6～10题测试交往时的支配程度，得分高者说明在交往中偏于成为领袖型人物，反之则表示偏于依从型。领袖型人物是圈子里的带头人物，喜欢领着大家前进；顺从性人物则更倾向于听从旁人意见。

11～15题测试交往的规范性程度，得分高者说明在交往中讲求严谨规范，反之则表示交往行为较为随性。交往中严谨规范的人，会为自己和朋友定下一连串的标准和原则，可能会给人一种不容易接近的感觉，可一旦开始交往，不失为一个值得信赖的朋友；交往中较为随性的人，大多比较随和，让人感觉亲切易相处。

16～20题测试交往的开放性程度，得分高者表示交往偏于开放型，反之说明偏于闭锁型。若是得分处于中等水平，则归入中间综合型的交往者。开放型的人乐意结交各样的朋友，也愿意去尝试新的交友方式；闭锁型的人则不喜欢结交朋友，或孤独行事，或处于一个小的固定朋友圈之中；中间综合型的人则同时拥有以上两种特点。

25. 面对不喜欢的人怎么办

【情景测试】

通过下面这个测试，你可以了解自己在处理人际关系时能否把握好双方的心理战术，是不是处理人际关系的高手。

世间有这样一类人，当面不说，背后乱说。你偶然间发现，你一直认为对自己很好的人，原来在背后给自己使坏，一时间你很气愤。

当你再次面对他时，你会：

A. 表面上与对方笑脸相迎，实际上对对方心存戒备。

B. 对对方以诚相待，相信自己能够感动对方。

C. 开门见山，一语道破，不给对方留面子。

D. 与对方保持距离，态度不冷不热。

【完全解析】

选择 A：你是心理战的高手。你能理性地面对这种有心机的人，体现了你的谋略和智慧。不过，你也许不知道，对朋友甚至亲人，你也很可能习惯性地运用自己的心理战术。

选择 B：你没有什么敌我意识，对人完全不设防，在朋友及亲人的印象里，你形象良好。你相信"将心比心，坦诚相见"，这是优点，不过也需警惕不怀好意的人，古语"防人之心不可无"还是有道理的。

选择 C：你是个直来直去的人。不管有没有明确的证据，只要你知道了某个阴谋，就会迫不及待地向众人说出。你和同类人投缘，但也会树敌不少。简单地说，你的人际关系很明显地分成两派：一派是和你意气相投的朋友，一派是喜欢用计的敌人。

选择 D：你最大的武器是以不变应万变。你拙于心计，也不善于经营人际关系、主动承担和解决问题。但是，你沉得住气，不管敌人如何奸诈，都很难找到你的破绽，也无法跟你纠缠下去。因此，你的人际关系比较封闭，敌人应该也不多。

26. 你的人际关系及格吗

【情景测试】

你的人际关系能及格吗？自己到底是自信满满的人，还是相当孤僻的人呢？假使你走向一个熟睡的婴儿时，他忽然睁开眼睛，你认为接着他会有什么反应？

A. 号啕大哭　　　　　　B. 笑

C. 闭上眼睛继续睡觉　　D. 咳嗽

【完全解析】

选择 A：你是一个自卑的人，因此很害怕与他人相处，深恐泄露自己的缺点，因此常缩在自己的壳中裹足不前。如果你能再自信一点儿，积极与他人接触，相信你会发现外面的世界非常美好。

选择 B：你相当自信，交际手腕也不错，很容易和他人打成一片。但要注意的是，不要过度自信，只陶醉在自己的世界中，忽略了别人的感受、想法。

选择 C：你是个相当孤僻的人，与其和别人在一起，还不如一个人来得快乐自由，所以根本不愿意也觉得没必要踏入别人的世界。但工作中你要注重团队合作，绝不可独来独往，所以要好好调整自己。

选择 D：你是一个相当神经质的人，非常在乎人际关系，也小心翼翼地去维护；但太过于在意别人的感觉、想法，会弄得自己精疲力竭，最好放松一下自己，以平常心来面对人际关系。

27. 你的人际关系优势

【情景测试】

你最好的朋友，即将要移民到英国去了，过两天刚好是他的生日，你为他办了一场生日惜别会，在惜别会中你最想对他说的话是什么？

A. 要常常和我联络喔　　B. 有空要常回来看我

C. 有机会我一定会去找你　D. 我会想念你的

【完全解析】

　　选择 A：你在朋友圈子里是个阳光型的人物，大家会亲切地叫你"乐天派"。你不仅能从容地面对所有的问题，还能把这种力量传递给朋友和亲人。和你在一起时，大家都会被你的自信和快乐传染，一切烦恼迎刃而解。

　　选择 B：你比较理性，聪明并且有主见，有时会让别人觉得你有一点儿强势。朋友们遇到困难时，你能运用自己的聪明才智，帮大家渡过难关。

　　选择 C：你很感性，人缘超好。你善解人意、温柔贴心，与你相处时，朋友们都感觉轻松自在，如沐春风。当朋友们受到伤害时，你的善良和热情又是一剂良药，因此，你在人际交往中的受欢迎程度是毋庸置疑的。

　　选择 D：你成熟且理智，目标明确，思路清晰，不会被别人的意见或看法所左右。自己或朋友遇到麻烦时，你会冷静地分析和判断，抽丝剥茧，寻找最好的解决方案。因此，你是大家心目中最佳的领导型人选。

28. 测测你对陌生人的防范意识

【情景测试】

　　虽然我们提倡人际交往中要坦诚相待，但也不是对所有人都要敞开心扉，毫无保留。社交防范意识也很重要，下面就来测试一下你的防范意识。

　　如果有个陌生人向你搭讪，然后就像幽灵般总是出现在你身边，对你献殷勤，这时候你会怎么对待这个人呢？

　　A. 认为对方肯定另有所图

　　B. 觉得自己魅力没法挡

C. 平静地与对方交往

D. 马上拒绝与对方交往

【完全解析】

选择 A: 你的防范意识很强。对于陌生人，你具备高度戒备心。正因为如此，你择友也很慎重，乱七八糟的猪朋狗友无法越过你的防线，身边的朋友都是可信赖的。你性格沉稳，不惧怕那些心怀叵测的人，能见招拆招。

选择 B: 你以自我为中心，考虑任何问题都把自己的利益摆在首位。你觉得自己不容易被别人算计，其实恰恰相反，你容易暴露自己的弱点并被人利用。只要把你说成捧在手心的公主，你就飘飘然失去理智，很快落入别人早已布好的陷阱。

选择 C: 你没有防范意识，对任何人都没有戒备。你认为人与人之间的关系很简单。你的心灵很纯洁，觉得别人都只是想跟你做朋友。你以平常心与人交往，顺其自然，大部分时候，别人对你即使另有所图，也会被你的纯真融化。

选择 D: 你缺乏安全感，也缺乏信心。你不愿轻易给别人机会，把自己封闭在自己的小小世界里，用这种方式避免别人的闯入可能造成的伤害。你对这个世界采取敌对态度，这对自己不好，也造成了朋友太少的后果。

29. 你是难以接近的人吗

【情景测试】

你了解你自己吗？你给别人的感觉是平易近人还是充满距离感呢？做一个测试吧，它能够帮你更加清晰地了解自己。来验证一下你是不是一个难以接近的人吧。

在一个滂沱大雨的夜里,你从窗子看到有一个男子在路上慢慢独行,你猜想他有一种什么样的心情?

A. 思考某个问题,满腹心事

B. 正在享受一个人的孤寂感

C. 只是忘记带伞,不想在雨中狼狈地奔跑

D. 刚结束一段感情而失魂落魄

【完全解析】

选择 A:你的交际圈很广,你的情绪控制能力也很好,懂得顾全他人的面子和感受,不会轻易和他人发生冲突。你属于大家觉得你不错的那种人,在同学看来,你是从小拿奖状的模范;在老师看来,你是听话懂事的好学生。

选择 B:你很关注自己,甚至忘记了周围的其他人。你很少说话,给人一种孤僻内向的感觉。你也不太关注别人,更不希望别人关注你。冷漠是你对陌生人的态度,但你对相处很久的老友们却是热情似火,是一个值得信赖的好朋友。

选择 C:你是群体活动不可缺少的话题王。你爱调节气氛,喜欢跟着人群起哄,虽然出发点没有恶意,但你要注意有时候恶作剧过火了,就会给别人和自己带来困扰。

选择 D:你的心情起伏很大,可以突然晴转阴,是一个性情中人。你与别人相处方式很直接,喜欢的人马上打成一片,不喜欢的人肯定是敌人。

30. 你容易相处吗

【情景测试】

有的人个性随和,身边朋友多,有的人则不那么容易相处。你是

怎样的人呢？来测一下吧。

以下四种类型的电影，哪种最能吸引你呢？

A. 有专业知识（如法律或医学）

B. 爆笑喜剧

C. 都市言情

D. 悬疑推理

【完全解析】

选择 A：相处指数 20 分。你对他人和对自己的要求都很高，跟你相处时别人心理压力颇大，但其实你是刀子嘴豆腐心，有理时以理沟通最有效，不然就坦然认错，再大的事情也会变成小事。

选择 B：相处指数 70 分。你容易被仗势欺人的家伙压迫，总是屈居下风。不过，虽然被利用的感受不好，但是气归气，过一会儿你就能淡忘掉，并不会影响对他人的信任感。

选择 C：相处指数 30 分。你所追求的是一场热恋，即使自己已经上了年纪，也期待能再有一场轰轰烈烈的爱情。

选择 D：相处指数 99 分。在冲突发生时，活在自我世界的你，常会令别人为之气结。"装死"是你的绝招，因为看淡世事人情，所以闪躲冲突炮火,企图转移对方的注意力,就是你面对冲突的态度。

31. 你有社交恐惧症吗

【情景测试】

有些人讨厌面对人群或是害怕面对人群,他们不只是觉得害羞、不好意思,而是对自己以外的世界有着强烈的不安感和排斥感。这种因对社交生活和群体的不适应而产生的焦虑和社交障碍称作社交恐惧症。那么你是否患有社交恐惧症呢?你可以进行下面的测试得知。

请在15分钟内完成试题,每题有5个选项:A. 根本不符合; B. 某方面符合; C. 比较符合; D. 大部分符合; E. 完全符合。

【计分方法】

不带"Q"的题目,选A计1分,选B计2分,选C计3分,选D计4分,选E计5分;带有"Q"标记的反向记分,即选A记5分,选B记4分,选C记3分,选D记2分,选E记1分,最后计算总分。

1. 和不熟的人聚会时,我会很不自然。
2. 和老师或上级交谈时,我会很不自在。
3. 我在面试中常常不知所措。
4. 我是个比较内向的人。
5. 和权威人士对话使我很害怕。
6. 即使在非正式场合我也会感到不安和害怕。
7. 我处在与我不同类型的人群当中感觉很舒服、很自在。(Q)
8. 假如给一个陌生人打电话,我会有紧张感。
9. 和交往不深的同性交谈会让我产生不适感。
10. 和异性谈话时我会感到更加自在。(Q)
11. 我是个比较不害怕与人交际的人。(Q)

12. 在人多的场合我不会有什么不自在。（Q）

13. 我想让自己更擅长与人交际。

14. 和很多人聚在一起时我不知该做什么。

15. 如果面对一位吸引人的异性，我会不知所措。

【完全解析】

15~59分：善于交际，没有社交恐惧症。

60~75分：不善于交际，有社交恐惧症倾向。

32. 你是一个受欢迎的人吗

【情景测试】

你受人欢迎吗？下面的25个问题是根据国外专家的心理测试拟就的，目的是让你大致明了自己的性情以及自己是否容易与人相处。请在每个问题的后面回答"是"或者"否"。

【计分方法】

回答"是"记1分，回答"否"不记分。

1. 你是否自动地和不经思考地随便发表意见？
2. 你是否觉得你3位最好的朋友都不如你？
3. 你喜欢独自进餐吗？
4. 你看不看报上的社会新闻？
5. 你对这一类的测验有无兴趣？
6. 你是不是也向别人吐露自己的抱负、挫折，以及个人的种种问题？
7. 你是否常向别人借钱？
8. 你和别人一道出去，是不是一定要大家平均分摊费用？
9. 你告诉别人一件事情，是不是把细微末节都说得很清楚？

10. 你肯不惜金钱招待朋友吗？

11. 你认为自己说话毫不隐讳的态度是对的吗？

12. 你跟朋友约会时，是否让别人等你？

13. 你真正喜欢孩子（不是你自己的孩子）吗？

14. 你喜欢拿别人开玩笑吗？

15. 你认为中年人恋爱是愚蠢的吗？

16. 你真正不喜欢的人，是否超过7个？

17. 你是不是有一肚子牢骚？

18. 你讲话是不是常常用"坏透了""气死人""真要命"一类字眼？

19. 电话接线员和商品推销员会使你发脾气吗？

20. 你爱好音乐、书籍、运动，别人不喜欢，你是不是觉得他面目可憎、言语无趣？

21. 你是不是言而无信？（多想一次再回答）

22. 你是不是常常当面批评家里的人、好朋友或下属？

23. 你遇到不如意的事，是否精神沮丧、意志消沉？

24. 自己运气坏，当你的朋友成功的时候，你是不是真的替朋友高兴？

25. 你是否喜欢跟人聊天？

【完全解析】

得分越多,就表示你越受人欢迎。最高分数当然是25分。但是,假如你的分数不到25分,你也不要认为自己人缘不好。只要能够达到15分,你就是一个很受人欢迎的人了。

33. 你在朋友中是什么印象

【情景测试】

你知道自己在朋友中的印象吗?从你对朋友的态度中便可知晓一二。请做下面的测试,当你发现你的朋友把东西遗忘在你家时,你认为采取以下哪种办法最合适?

A. 立即给朋友送去。

B. 通过电话或信函,约他到咖啡馆见面,然后把东西交给朋友。

C. 托人带给朋友。

D. 暂时放在家里,以后再考虑如何处理。

【完全解析】

选择A:你扮演得最好的角色是好父母。你非常有爱心,尤其是对孩子,一定会把最好的都给自己的孩子,自己省吃俭用也没关系,孩子要受最好的教育,享受最好的生活。你会把小孩照顾得无微不至,所以,你天生有强烈的父爱(母爱),做你的孩子,是非常幸福的。

选择B:你扮演得最好的角色是好儿女。你觉得人生当中,爱人、朋友都很重要,不过对你来讲,父母永远是第一位的。只要父母有需要,你不管在精神方面,还是金钱方面,只要做得到,就一定让父母过最好的生活。所以你是个非常孝顺的孩子。

选择C:你扮演得最好的角色是好朋友。你重义气,不管是好朋友还是陌生人,只要能够帮忙,便义不容辞。你很珍惜友情,需要的

时候，一定会站出来，帮助别人把事情解决。所以当你的朋友会非常的开心。

选择 D：你扮演得最好的角色是好情人。你在工作上一板一眼，回到家也一样。不过在谈恋爱的时候，你极其在乎对方，对方怎么凌虐你，你也觉得心甘情愿，觉得很甜蜜，所以选择这个答案的朋友，你是永远的好情人。

34. 外向与内向的测量

【情景测试】

内向和外向并没有绝对的分界线，就像很多人觉得自己外向，却被人说内向一样。通过这个测试来了解你是偏向于内向的，还是偏向于外向的。请用"是"或"否"回答下列问题。

【计分方法】

对于第 2、4、7、8、10 和 12 题的这 6 个问题，如果回答"是"，那么，就加上 1 分；如果回答"否"，就减去 1 分。计算一下你的得分。这是你的"外向"分值，它的分值范围是 –6~6 之间。如果某个问题没有清楚地回答"是"或"否"的话，就不记分。

剩下的第1、3、5、6、9和11题这几题则反映了艾森科（Eysenck）关于"神经过敏症"的评估。对于这些问题，如果回答"是"，就加上1分；如果回答"否"，就减去1分。计算一下你的得分。这是你的"内向"分值，它的分值范围是 –6~6 之间。如果某个问题没有清楚地回答"是"或"否"的话，就不记分。

1. 你有时会莫名其妙地高兴，有时又会莫名其妙地沮丧吗？
2. 你喜欢行动更胜于制订行动计划吗？
3. 你常常会因为某些明显的原因，或是没有什么原因的情况下出现情绪波动吗？
4. 当你参与到某种要求快速行动的项目中，是否感到兴奋？
5. 你易于出现情绪化吗？
6. 当你试图集中注意力时，是否会常常出现走神的情况？
7. 在结交新朋友时，你通常是主动的一方吗？
8. 你的行为是否倾向于快速、确定？
9. 你参加一个会议时，是否会经常"魂游物外"？
10. 你认为自己是一个活泼的人吗？
11. 你有时会情绪高昂沸腾、有时又相当低沉吗？
12. 如果阻止你参与大量的社交活动，你是否会非常的不高兴？

【完全解析】

"外向"部分得分较高（例如是6分或是接近于6分），反映了一个较高的外向自我评价。而较低的得分（如 –6分或是接近于 –6分），则意味着一个高内向的自我评价。

"内向"部分较高的得分（例如是6分或是接近于6分），反映了一个较高的内向自我评价。而较低的得分（如 –6分或是接近于 –6分），则意味着一个高外向的自我评价。

35. 测测你的自信指数

【情景测试】

自信的意思你知道吗？就是个人对自己所做各种准备的感性评估，你对自己所做的事情有充足的信心吗？来测一测你的自信指数吧。

你对自己的身体哪一部分比较在意？

A. 眼睛　　B. 眉毛　　C. 嘴巴　　D. 鼻子

【完全解析】

选择 A：自信指数 80 分。做事有信心，有时甚至会演变成自负。你喜欢别人的赞美，当然，这是人之常情，没有人不喜欢得到别人的夸奖，只是，你怕别人看出你的自满来，所以总是警告自己，行事要低调、低调、再低调。你表现得很高傲。

选择 B：自信指数 60 分。你遇事冷静，知道如何处理坏情绪，尽管不善言辞，却往往一鸣惊人，令人刮目相看。但很少有人知道，你并不自信，尤其对于自己的相貌。

选择 C：自信指数 50 分。看上去你好交朋友，实际上，知心的朋友却没有几个。你经常感到落寞，对前途没有信心，得过且过，有时你又将自己打扮得很幸福很成功，唯恐他人知晓你狼狈的现状而取笑你，你对自己没有信心。

选择 D：自信指数 95 分。你很有主见,有毅力达成所设定的目标。你敢于主动推销自己，展示自己的优势，你认为这同样是种魅力。在别人眼里，你很强势，似乎永远没有被击垮的那一天，这才是你最自信的表现。

36. 你容易得罪人吗

【情景测试】

你会不会时不时地觉得自己很孤独，被同事、朋友孤立着，当看见他们的时候总觉得他们对你充满敌意，对方看你的眼神都是充斥着轻蔑、嘲讽和不快？快来测试一下自己是否真的在社交中扮演着得罪人的角色，看看自己的社交能力如何。

如果你的朋友不小心弄坏了你心爱的东西，你会：

A. 要求对方照价赔偿

B. 宽宏大量，不会生气

C. 算了！自认倒霉，只能气在心里

D. 大发雷霆，把对方骂得狗血淋头

【完全解析】

选择 A：你是一个中立的人，你觉得人与人之间的相处都是对等的，没有谁该怕谁，谁一定是领导，因此，你对人对事的态度很客观。总的来讲，你这样的为人处世之道会得到大多数人的认可。

选择 B：你在别人眼中是一个老好人，你在为人处世上很尊重对方的自尊和价值，对方觉得自己受到了重视，所以对你的评价也比较高。正常人都会很感谢你，并且把你当作好朋友。在处理人际关系时，你会把他人的价值放在首位进行考虑，你会自觉地站在对方的立场来考虑利害得失。就是因为你重视朋友、给朋友面子，所以你的人际关系应该是很融洽的。

选择 C：你很怕得罪人，很多时候当你受委屈时就会自认倒霉，也不会反抗。整体来讲你是一个委曲求全的人，你很怕自己和别人形成敌对状态，你害怕一旦与别人对立会造成自己的心理压力和精神负担，你对自己在处理人际关系上很不自信，所以宁愿自己吃一点儿亏，都不想破坏了这个局面。其实你这种压抑自己情绪的做法是对自己最大的伤害，久而久之你会真正地脱离群体，自我封闭，独自生活在自己的世界里。

选择D：在你的观念中，朋友是互相利用的，朋友的价值远不如自己喜欢的东西重要。正因为如此，你很少有真正的朋友，有的朋友发展到最后还会成为你的敌人。很多时候你并不是要敌对某些人，但你就是不相信别人，觉得人际关系要真正走到心里面很难。从某个角度讲，你是拜金主义者，作为一个商人可能就是唯利是图了。

37. 你会被排挤吗

【情景测试】

你的人缘好不好？是常有贵人相助，还是经常被排挤？测试一下吧。

看看自己的五根手指，你对哪一根最满意呢？
A. 食指　B. 无名指　C. 大拇指　D. 中指　E. 小指

【完全解析】

选择A：你对朋友很好，甚至可以两肋插刀。只是有时你实在太敏感，甚至有点儿神经兮兮，一点点的风吹草动或是朋友无意中的一句话，你都认为跟自己有关，也让你相当在意。放开心胸让朋友了解你，并试着让生活多点儿幽默，你会拥有更多的朋友。

选择B：你很容易就跟陌生人打成一片，成为无所不谈的好朋友。只是随着双方彼此越来越熟稔，你也会越来越分不清朋友之间的界线。你也许把他当成好朋友，有什么困难都可以直接找他；可是对方却觉得你越来越烦人,甚至认为你喜欢对他颐指气使。

选择 C:你的个性过于心直口快,而且过于自负。在团体中你也经常居于主动领导的角色,久而久之,便容易让人觉得你很刚愎自用,凡事都以自己为中心,而他们几乎都是敢怒不敢言。改善的方法其实很简单,多听取旁人的意见,让他有受到尊重的感觉,相信你的人气一定更上一层楼。

选择 D:你一直都很受欢迎,只是有时嘴巴太毒了,毒到让人心生反感。偏偏你对于这样的状况又过于无所谓,不会主动沟通道歉。其实幽默并不等于讥讽人,虽然你的动机只是想引人注意,不妨换个不伤人的方式相信效果会更好。

选择 E:你不是人缘不好,只是朋友太少,这跟你的个性有很大关系。你交朋友的态度比较随缘,不积极,遇到问题也不喜欢解释,无形中自然朋友多不起来。建议你可以专攻一项才艺,并适时地秀出自己,就算不主动也能吸引人争着跟你做朋友。

38. 空间判断能力测试

【情景测试】

空间判断力是指能够看懂和分析几何图形、理解物体在空间运动的原理和解决几何问题的一种能力。如果一个人平面几何及立体几何学得比较好,那么他的空间判断能力就会相对比较强。你的空间判断能力怎么样呢?快来试一试吧。

【计分方法】

每道题选 A 记 5 分,选 B 记 4 分,选 C 记 3 分,选 D 记 2 分,选 E 记 1 分。

1. 中学时代,你的立体几何学得挺好。

A. 非常符合　　B. 比较符合

C. 难以回答　　D. 不太符合　　E. 很不符合

2. 你能很快地画出一幅三维度的立体图形。

A. 非常符合　　B. 比较符合

C. 难以回答　　D. 不太符合　　E. 很不符合

3. 你看几何图形的立体感较强。

A. 非常符合　　B. 比较符合

C. 难以回答　　D. 不太符合　　E. 很不符合

4. 面对一个盒子，你可以很容易地想象出展开后的平面形状。

A. 非常符合　　B. 比较符合

C. 难以回答　　D. 不太符合　　E. 很不符合

5. 提到某一种物体，你就能立即想象出它的立体形状。

A. 非常符合　　B. 比较符合

C. 难以回答　　D. 不太符合　　E. 很不符合

【完全解析】

20～25分：你的空间判断能力很强。

15～19分：你的空间判断能力较强。

10～15分：你的空间判断能力一般。

9分以下：你的空间判断能力较差。

39. 专注力测试

【情景测试】

你最近工作状况好吗？曾有科学家分析，一般人的专心程度是和成功成正比的，所以工作的时候努力工作，玩的时候轻松去玩，这应该是最好的人生座右铭。现在就以一个简单的问题，来测试一下你的专注力。

如果你到健身中心，你会最先使用哪一种设备器材呢？

A. 重量训练器材　　　　B. 划船机或跑步机

C. 快速飞轮课程　　　　D. 腰臀震动带

【完全解析】

选择 A：你是一个很专注、很有耐心的人，只要你决定做一件事情，通常不达目的绝不放弃。

选择 B：你喜欢用旁敲侧击的方式处理事情和表达自己，不喜欢明确表达。

选择 C：你就像跑百米的选手一样，枪声响起时，马上全心全意向终点冲刺，心无旁骛。

选择 D：你做事方式是逐渐加温，但不迟钝。

40. 24 点游戏

【情景测试】

心算指的是不借助任何如计算器、计算机等外界工具的帮助，在头脑中进行快速计算的方法。心算能力是基本心理能力中的一种，在日常生活中应用广泛，例如我们的日常购物或者开销计算等。

24 点游戏是一种扑克牌类的益智游戏，这个游戏可以调动眼、耳、口、脑等感官的协调活动，很大程度上有利于我们的心算能力以及反应能力的培养。

提供一组 4 个 1~13 的阿拉伯数字（扑克牌中的 J、Q、K 分别代表 11、12、13），用"+、-、×、÷"使每一组的 4 个数字运算得出的结果为 24（每个数字必须用且只能用一次）。

例如：(2，8，1，5) 可这样进行运算：$8 \div 2 \times (1+5) = 24$

下面几组数字看看你能不能连起来进行运算：

第一组：(4，5，5，9)

第二组：(3，5，8，8)

第三组：(10，10，4，4)

第四组：(7，2，7，1)

第五组：(3，3，3，3)

第六组：(2，3，7，9)

【完全解析】

第一组：$9+4\times5-5=24$

第二组：$8+3+5+8=24$

第三组：$(10\times10-4)\div4=24$

第四组：$(7\times7-1)\div2=24$

第五组：$3\times3\times3-3=24$

第六组：$2\times(3\times7-9)=24$

目前，高级心算已开始结合珠算，称作珠心算。我们都知道，传统珠算在运算过程中，由于各个器官和肢体的协同动作，是有益智作用的。高级心算利用珠算的基本原理，在大脑中形成脑像图，不需要手指拨珠，直接在大脑中展开运算。这种形象思维大部分依靠右脑活动来进行，因此可以有力地开发右脑功能，进而提高大脑的整体功能。儿童早期教育方面，珠心算的益智方法在台湾地区很是流行。

41. 思维模式测试

【情景测试】

同一个问题，不同人的解决方法不一样，那是因为每个人思考问题的方式不一样。有时一些看似难以解决的事情，若是能够跳出常规思维，换一种方式来思考，就会迎刃而解。

当你在餐厅吃饭的时候，听到柜台的服务生很惊慌地交头接耳，说有一颗炸弹被放在餐厅中，你认为歹徒会把炸弹放在什么地方？

A. 厕所　　B. 餐厅门口　　C. 客人座位　　D. 厨房

【完全解析】

选择 A：因为考虑到太多细节，你思考问题的速度很慢，当大家都已经进入到下一个话题了，你才冒出一句没头没脑的话。可是你所说的话很有道理，让所有人不得不重视和接纳。你有锲而不舍的精神，会坚持到最后一秒钟，就算不被人理解，也还是会静心等待，一有机会就表达自己的看法。

选择 B：你不会有什么稀奇古怪的想法，因为总觉得别人都比你厉害，所以会先听人家怎么说，你才开口。这种谦逊的态度，会让你成为每个人的好朋友，无论做什么都不会忘了你，因为你的配合度高，人也随和，只不过久而久之，你会失去自己的个性，忽略内心的声音。

选择 C：你做事的方式循规蹈矩。一旦有一点点超离常规，你就会感到紧张，生怕会有人来揪出你的罪行。在你心中有一把道德的尺，衡量自己，也不时衡量一下别人。渐渐地，你的生活就变得很规律，这不知道算不算是另一种"怪"呢？

选择 D：你出的馊主意常让大家听了大跌眼镜。你的想法挺诡异的，所以就算有人欣赏你的点子，也不太敢附议。你认为每一个人都有言论自由，所以再诡异的想法也会说出来。你的点子其实都很新颖，若是用在别的地方也许会更恰当，所以请不要放弃，不要有挫败的感觉，总会有派上用场的一天。

42. 创新思维

【情景测试】

春雨绵绵，出门在外总要带把伞，你最常选用的伞面花色是哪种呢？

A. 有大面图案的伞面　　B. 零碎小图案的伞面

C. 格子面的伞面　　　　D. 单一素色的伞面

【完全解析】

选择 A：你并不是个很有创意的人，但在工作上以及在生活中，若是遇到和你气味相投，并且了解你的人，就能够激发出你的潜能，创造力逐渐被打开，超乎想象的创意会跟着跑出来。

选择 B：你相当有创造力，脑袋里时不时蹦出鬼点子来，时常会有新的想法，也勇于提出并付诸行动。朋友们也会对你的新鲜想法大感佩服。

选择 C：与其说你有创造力，不如说你想象力丰富，因为你的创造力有时候很令人费解，朋友或同事们都摸不着头绪，觉得天马行空，所以不太能够接受。奉劝你一句，创造力也要顾及现实考虑，否则容易沦为海市蜃楼哦。

选择 D：基本上你的创造力不怎么用在工作上，你认为把创造力用在生活或娱乐上会更有趣，至于工作嘛，能好好完成就 OK 了。所以在朋友眼中你是十足的生活玩家，很懂得享受，而且玩得与众不同。

43. 思维定式

【情景测试】

下面的几道题测试你有没有很强的思维定式。想知道你的思维能力到底如何吗？快来测试一下吧。

1.在荒无人迹的河边停着一只小船，这只小船只能容纳一个人。有两个人同时来到河边，两个人都乘这只船过了河。请问：他们是怎样过河的？

2.篮子里有4个苹果，由4个小孩平均分。分到最后，篮子里还有一个苹果。请问：他们是怎样分的？

3.一位公安局长在茶馆里与一位老头下棋。正下到难分难解之时，跑来了一位小孩，小孩着急地对公安局长说："你爸爸和我爸爸吵起来了。"老头问："这孩子是你的什么人？"公安局长答道："是我的儿子。"请问：这两个吵架的人与公安局长是什么关系？

4.已将一枚硬币任意抛掷了9次，掉下后都是正面朝上。现在你再试一次，假定不受任何外来因素的影响，那么硬币正面朝上的可能性是多少？

【完全解析】

1.很简单，两人是分别处在河的两岸，先是一个渡过河来，然后另一个渡过去。对于这道题，你大概"绞尽脑汁"了吧？的确，小船只能坐一人，如果他们是处在同一河岸，对面也没有人（荒无人迹），他们无论如何也不能都渡过去。当然，你可能也设想了许多方法，如一个人先过去，然后再用什么方法让小船空着回来，等等。但你为什么始终要想到这两人是在同一岸边呢？题目本身并没有这样的意思呀！看来，你还是从习惯出发，从而形成了"思维嵌塞"。

2.4个小孩一人一个。对于这一答案你可能不服气：不是说4个人平均分4个苹果吗？那篮子里剩下的一个怎么解释呢？首先，题目中并没有"剩下"的字眼；其次，那3个小孩拿了应得的一份，最后一份当然是最后一个孩子的，这有什么奇怪的呢？至于他把苹果留在篮子里或拿在手上并没有什么区别，反正都是他所分得的，不是吗？

3.公安局长是女的,吵架的一个是她的丈夫,即小孩的父亲;另一个是公安局长的父亲,即小孩的外公。有人曾将这道题对100人进行了测验,结果只有两人答对;后来对一个三口之家进行了测验,结果父母猜了半天拿不准,倒是他们的儿子(小学生)答对了。这是怎么回事呢?还是定式在作怪。人们习惯上总是把公安局长与男性联系在一起,更何况还有"茶馆""老头"等支持这种定式。所以,从经验出发就不容易解答。而那位小学生因为经历少,经验也少,就容易跳出思维定式的"魔圈"。

4.二分之一,这道题本来很简单。硬币只有两面,不要说任意抛掷10次,就是任意抛掷1 000次,正面朝上的可能性也始终是二分之一,不会再多,也不会再少了。对于这道题,如果没有上题的那种定式在作怪,一般马上就可以说出答案来。

44. 脑筋换换换

【情景测试】

脑筋急转弯是卓越思维和幽默风格的一种益智形式,是人们需要打破常规思维模式、发挥超常思维才能找到幽默答案的一种思维游戏。我们为你精心准备了一套脑筋急转弯,让你换换脑筋。

1.有一个人,他是你父母生的,但他却不是你的兄弟姐妹,他是谁?

2.小王是一名优秀士兵,一天他在站岗值勤时,明明看到有敌人悄悄向他摸过来,为什么他却睁一只眼闭一只眼?

3.王老太太整天喋喋不休,可她有一个月说话最少,是哪一个月?

4.在一次考试中,一对同桌交了一模一样的考卷,但老师认为他们肯定没有作弊,这是为什么?

5.小王一边刷牙,一边悠闲地吹着口哨,他是怎么做到的?

6. 小刘是个很普通的人，为什么竟然能一连十几个小时不眨眼？

7. 小张开车，不小心撞上电线杆发生车祸，警察到达时车上有个死人，小张说这与他无关，警察也相信了，为什么？

【完全解析】

1. 答案：你自己。

2. 答案：他正在瞄准。

3. 答案：二月。

4. 答案：他们都交白卷。

5. 答案：他在刷假牙。

6. 答案：他在睡觉。

7. 答案：他开的是灵车。

45. 心理健康指数测试

【情景测试】

一共20道题，根据不同情况选择 A、B、C、D 选项，A 表示最近一周内出现这种情况的日子不超过一天；B 表示最近一周内曾有 1～2 天出现这种情况；C 表示最近一周内曾有 3～4 天出现这种情况；D 表示最近一周内曾有 5～7 天出现这种情况。

【计分方法】

每题答 A 记 0 分，答 B 记 1 分，答 C 记 2 分，答 D 记 3 分。各题得分相加，统计总分。

1. 我因一些事而烦恼。

2. 我胃口不好，不大想吃东西。

3. 我心里觉得苦闷，难以消除。

4. 我总觉得自己不如别人。

5. 我做事时无法集中精力。

6. 我自觉情绪低沉。

7. 我做任何事情都觉得费力。

8. 我觉得前途没有希望。

9. 我觉得自己的生活是失败的。

10. 我感到害怕。

11. 我睡眠不好。

12. 我高兴不起来。

13. 我说话比往常少了。

14. 我感到孤单。

15. 人们对我不太友好。

16. 我觉得生活没有意思。

17. 我曾哭泣过。

18. 我感到忧愁。

19. 我觉得人们不喜欢我。

20. 我无法继续日常工作。

【完全解析】

得分在 16 分以下，说明你可能有轻度的心理困惑，可尝试进行自我心理调整。

得分在 16 分以上，说明你有较严重的心理困惑与烦恼，这时应考虑到专业的心理咨询机构进行心理咨询。

46. 你有焦虑情绪吗

【情景测试】

现代社会充满了机会与挑战，可以说是个危险与机遇并存的社会。在这样的环境中，人要保持一份豁达从容的心态似乎很不容易，很多人都渴望拥有并保持一种宁静的心态，然而焦虑却常常把我们包围。你知道自己是否焦虑吗？哪些表现说明自己处于焦虑状态？下面的测试题可以帮你解开心中的困惑。

【计分方法】

题号\选项得分	没有或很少时间	小部分时间	相当多时间	大部分或全部时间
1	1	2	3	4
2	1	2	3	4
3	1	2	3	4
4	1	2	3	4
5	4	3	2	1
6	1	2	3	4
7	1	2	3	4
8	1	2	3	4
9	4	3	2	1
10	1	2	3	4
11	1	2	3	4
12	1	2	3	4
13	4	3	2	1
14	1	2	3	4

15	1	2	3	4
16	1	2	3	4
17	1	2	3	4
18	1	2	3	4
19	4	3	2	1
20	1	2	3	4

你最近一个星期的实际感觉：

1. 觉得比平常容易紧张和着急。

2. 无缘无故地感到害怕。

3. 容易心里烦乱或觉得惊恐。

4. 觉得可能将要发疯。

5. 觉得一切都很好，也不会发生什么不幸。

6. 手脚发抖打战。

7. 因为头痛、颈痛和背痛而苦恼。

8. 感觉容易疲乏和困倦。

9. 觉得心平气和，并且容易安静地坐着。

10. 觉得心跳得很快。

11. 因为一阵阵头晕而苦恼。

12. 曾经晕倒过，或常觉得要晕倒似的。

13. 吸气呼气都感到很容易。

14. 手脚麻木或刺痛。

15. 因为胃痛和消化不良而苦恼。

16. 常常要小便。

17. 手常常是干燥温暖的。

18. 脸红发热。

19. 容易入睡并且睡得很好。

20. 做噩梦。

【完全解析】

把 20 题得分相加得到粗分，再把粗分乘以 1.25，四舍五入取整数，即得到标准分。焦虑评定的分界值是 50 分。分值越高，焦虑倾向越明显。

47. 积极情绪影响测试量表

【情景测试】

在日常工作和生活的人际交往中，我们的言行常常反映着我们的心态和影响力，从而影响了人际关系和幸福指标。本量表共由 15 道题目组成，可用来了解自己的积极影响能力。请根据自己目前的实际情况如实回答"是"或"否"。

1. 我在过去的 24 小时里帮助过一个人。

2. 我是一个非常有礼貌的人。

3. 我喜欢与心态积极的人相处。

4. 我在过去的 24 小时里夸奖过一个人。

5. 我有一种本领，能让别人心情愉快。

6. 我与心态积极的人在一起时做事效率更高。

7. 在过去的 24 小时里，我告诉一个人，我对他/她很关心。

8. 我每到一地，都刻意结识别人。

9. 我每次受到表扬，都想表扬别人。

10. 上个星期，我听别人诉说他/她的目标和理想。

11. 我能让心情不好的人笑。

12. 我刻意以我的同事喜欢的方式称呼他们。

13. 我关注同事们的优秀表现。

14. 我见到别人时总是笑容满面。

15. 见到别人优秀的表现，及时给予表扬，使我心情舒畅。

【完全解析】

你的回答有几个"是"呢？如果少于 6 个，请反思一下吧，你缺乏良好的积极影响力和人际关系，而且主控权在你手里。你可以通过有意增加以上问题中"是"的数量来改善自己的积极影响力，三个月以后，你会发现，你的生活发生了很多变化。

48. 你会不会正面发泄愤怒呢

【情景测试】

你会不会正面发泄愤怒呢？许多人把愤怒和攻击行为视作人类生活中的非积极因素。但不管个人的文化如何，都必须学会正面发泄愤怒，可惜的是，很少有人懂得这样做。你能分得清愤怒的表达与攻击行为吗？你知道怎样正面发泄愤怒吗？下面的测试或许能为你提供答案。

【计分方法】

以下各题，如果你"完全同意"记 1 分，只是"部分同意"记 2 分，"不同意"记 3 分，然后计算总分。

1. 我从没有或极少发怒。
2. 我避免表达愤怒，因为大多数人会误解为仇恨。
3. 我宁愿掩盖对朋友的愤慨也不愿冒失去他的风险。
4. 还没有人靠大发雷霆在争论中获胜。
5. 我愿意自己解决怒火，不愿向别人倾诉。
6. 遇到沮丧情景时发怒，不是成熟或高尚的反应。
7. 某人正发怒时，处罚他可能不是明智的行为。
8. 发怒时越说越怒，只会把事情弄得更糟。

9. 发怒时，我通常掩饰，因为我怕出丑。

10. 当对亲密的人感到生气时，应当以某种方式说出来，即使这样做很痛苦。

【完全解析】

24～30分：你承认愤怒情绪的存在，并知道怎么表达才能更好地维护人际关系。

17～23分：你知道怎么表达并消除愤怒，但还有改进空间。

10～16分：你不知道该怎么消除愤怒来改善与他人的关系。也许你觉得愤怒会让你内疚，特别是亲人惹你生气时。记住：当场表达你的愤怒，胜过事后幻想报复。

49. 你的情绪化指数

【情景测试】

对感情敏感或者细腻的人，在心理学上来说很容易情绪化，今天就进入你的潜意识，来测验一下你的情绪化指数到底有多高？

当你一早起来看见自己的脸油亮亮又脏脏的，你会有什么样的表情？

A. 没有表情的呆脸

B. 生气的大臭脸

C. 皱眉的苦瓜脸

【完全解析】

选择A：情绪化指数为50%。在工作上你很理性，会克制自己，觉得不能太情绪化，因为这样不够专业，不过在私生活中，你就没有那么理性了，很容易因为感情造成情绪波动。

选择 B：情绪化指数为 20%。内敛的你，喜怒哀乐藏在心里，不想让别人担心。你很压抑，认为自己就是让别人依靠的，所以不管有多苦，都会压在心底。但是有一点要注意，你可能有暴力倾向。

选择 C：情绪化指数为 99%。感情脆弱又敏感的你，极易被外界影响，然后把情绪写在脸上。属于感觉派，感觉来的时候，就会非常脆弱敏感，担心别人是不是讨厌自己，怀疑自己是不是不够好。

50. 情绪紧张度测试

【情景测试】

　　生活节奏的加快、社会竞争的加剧以及频繁遭遇挫折等情况，都会使人产生紧张感。一个人如果长期处于紧张状态，身体免疫系统的抵抗能力就会降低，甚至使人不能有效地适应外界环境而罹患各种疾病。因此，长期过度紧张对人体是有害的。那么你的情绪紧张度怎样呢？

　　下面共有 29 道题目，回答时请用"有"或"无"作答，然后进行评判。

　　1. 常常毫无原因地觉得心烦意乱、坐立不安。

　　2. 临睡时仍在思虑各种问题，不能安寝。即使睡着，也容易被惊醒。

　　3. 肠胃功能紊乱，经常腹泻。

　　4. 容易做噩梦，一到晚上就倦怠无力，焦虑烦躁。

5. 一有不称心的事情，便大量吸烟、抑郁寡欢、沉默少言。

6. 早晨起床后，就有倦怠感，头昏脑涨，浑身没劲，爱静怕动，消沉。

7. 经常没有食欲，吃东西没有味道，宁可忍受饥饿。

8. 稍微运动，就会出现心跳加速、胸闷气急。

9. 不管在哪儿，都感到有许多事情不称心，暗自烦躁。

10. 想得到某样东西，一时不能满足就会感到心中难受。

11. 偶尔做一点儿轻便工作，就会感到疲劳、周身乏力。

12. 出门做事的时候，总觉得精力不济、有气无力。

13. 当着亲友的面，稍不如意，就会勃然大怒，失去理智。

14. 任何一件小事，都会始终盘桓在脑海里，整天思索。

15. 处理事情唯我独尊，情绪急躁，态度粗暴。

16. 一喝酒就过量，意识和潜意识里都想一醉方休。

17. 对别人的病患，非常关心，到处打听，唯恐自己身患同病。

18. 看到别人成功或获得赞誉，常会嫉妒，甚至怀恨在心。

19. 置身繁杂的环境里，容易思维杂乱、行为失序。

20. 左邻右舍家中发出的噪音，会使你感到焦躁发慌，心悸出汗。

21. 明知是愚不可及的事情，却非做不可，事后又感到懊悔。

22. 即使是休闲读物也看不进去，甚至连中心思想也搞不清楚。

23. 一有空就整天打麻将，混一天是一天。

24. 经常和同事或家人甚至陌生人发生争吵。

25. 经常感到头疼胸闷，有缺氧的感觉。

26. 每每陷入往事便追悔莫及，有负疚感。

27. 做事说话都急不可待，措辞激烈。

28. 遇到突发事件就失去信心，显得焦虑紧张。

29. 性格倔强固执，脾气急躁，不易合群。

【完全解析】

如果回答"有"的题目在 9 道以下，属于正常范围。

如果回答"有"的题目在 10～19 道之间，为轻度紧张症。

如果回答"有"的题目在 20～24 道之间，为中度紧张症。

如果回答"有"的题目在 25 道以上，为重度紧张症。

轻度紧张症可以采取保护性措施，如用绘画、养花、阅读、书法、钓鱼等进行自我调节，放松心情。还可以积极参加体育活动或者进行一些工作之外的文娱活动。最后，一定要养成有规律的生活习惯，适当增加营养，提高意志力。中度及重度的紧张症患者单靠调节是不够的，必须进行健康检查，或进行心理咨询及心理治疗。

51. 你有偏执型情绪吗

【情景测试】

偏执程度心理测试：测测你的情绪是否"过火"了！

【计分方法】

"没有"记 1 分，"很轻"记 2 分，"中等"记 3 分，"偏重"记 4 分，"严重"记 5 分。

请用"没有""很轻""中等""偏重""严重"来作答。

1. 你对别人是否求全责备？
2. 老是责怪别人制造麻烦？
3. 感到大多数人不可信？
4. 会有一些别人没有的想法和念头？
5. 自己不能控制发脾气？
6. 感到别人不理解你，不同情你？
7. 认为别人对你的成绩没有做出恰当的评价？

8. 老是感到别人想占你的便宜？

【完全解析】

10 分以下：恭喜你，你不存在偏执情况，是个平心静气的可爱的人。

15～24 分：你可能存在一定程度的偏执，如果总觉得环境不顺心，要提高警惕，原因可能在你自己身上！

25 分以上：你有偏执症状，一定要控制情绪，不要"擦枪走火"。另外，在遇到很大障碍时，你最好求助于心理医生。

52. 你的嫉妒心有多强

【情景测试】

有人说："爱情是盲目的。"其实，嫉妒才是盲目的，所以犹太人有一句俗话："嫉妒有一千双眼睛。"还有一句俗语："恋爱是盲目的，但嫉妒比盲目更坏，因为它连看不到的东西都要看。"你是一个爱嫉妒的人吗？你的嫉妒心有多强？

【计分方法】

回答"是"记 1 分；回答"否"记 0 分，然后计算总分。

请回答下面的问题，只需要回答"是"或"否"。

1. 你熟知的人成就很大时，你会感到生气吗？
2. 你是否感到其他人生活得更舒适？
3. 你想占有朋友的东西吗？
4. 你想占有自己的亲戚的东西吗？
5. 假如你的配偶在看他（她）以前恋人的照片，你会感到伤心吗？
6. 你是否担忧自己的配偶还爱着从前的恋人？

7. 你是否坚持要了解自己配偶的全部经历和做过的事？

8. 假如别人赞美你的配偶十分迷人，你会感到不安吗？

9. 你是否嫉妒别人的生活？

10. 你是否嫉妒别人的家庭？

11. 你是否嫉妒别人的性生活？

12. 你是否嫉妒别人的衣服？

13. 你是否嫉妒别人的工作？

14. 你有没有讲过自己朋友的坏话？

15. 假如朋友外出游玩而没有邀请你一起去，你会感到伤心吗？

【完全解析】

10分以上：你的生活已经被嫉妒心理破坏了，已经损害了你与他人的关系。你对自己的一切逐渐不满。在嫉妒心理产生更大的危害之前，你确实应该努力抑制它。

4～9分：你的嫉妒心较强，但这并不是你生活中唯一的情感。嫉妒心影响了你与他人的关系，影响了你对他人的感情，但它并没有占据主导地位。如果你可以学会克制，一定可以从中获益。

3分以下：在你的生活中，嫉妒心所产生的作用十分小，这是一种合理的、自然的人类情感。

53. 人际关系中的情商衡量

【情景测试】

一个人情商的高低会直接影响他人际关系的好坏，而人际关系的好坏又和一个人的事业能否成功密切相关,可见情商在人际关系中十分重要。你的人际关系怎样?做一做下面的测试,便可知晓。

在公司的周年庆典上,你的秘书在斟茶倒水时,不小心把一个庆典花瓶打碎了,这个庆典花瓶是老总从古玩市场上特意挑选的,价值不菲。这时你的第一应急措施是对秘书说:

　　A. 不要紧,我替你想办法。

　　B. 又不是咱们的,坏了就坏了,管它呢。

　　C. 老总人很好,道个歉就行了。

　　D. 这只花瓶值好几万,真糟糕。

【完全解析】

　　选择 A:你做事勇于主动承担责任,处理问题会三思而行,在人际圈子里因此而受人倚重。

　　选择 B:你为人清高,不愿受他人指使。虽然你可能有能力,但不太适合团队合作。

　　选择 C:你做事情喜欢靠直觉,工作中容易受到情绪干扰。

　　选择 D:你做事情的方式有些急躁,在人际关系的处理上也不够圆滑。

54. 你有包容心吗

【情景测试】

　　人生中有谁不会犯错误呢?但人们往往在对待他人的失误、批评和攻击时会耿耿于怀，最后伤了感情又伤了身体。本题测一测你是否是个有包容心的人。

【计分方法】

如果回答"是"，不记分；如果回答"不知道"或"都有可能"，加1分；如果回答"不是"，加2分。

请对下列问题做出判断：

1. 看着某人心里很不爽？
2. 你是否对所受的委屈一直耿耿于怀？
3. 你是否对诸如地铁里有人不敬地盯着你，或袖子沾上汤汁之类的小事长时间感到懊恼？
4. 你是否经常不愿跟人说话？
5. 你在工作时会不会因为别人的谈话而感到厌烦？
6. 你是否会长时间地分析自己的心理感受和行为？
7. 你做决定时是否经常会受当时情绪的影响？
8. 你会不会经常被蚊子搞得很难受？
9. 你自卑吗？
10. 你是否时常情绪低落？
11. 在与人争论时，你是否无法控制自己的嗓门，导致说话声音太高？
12. 你爱发脾气吗？
13. 是不是连可口的饭菜或喜剧片都无法让你低落的情绪好起来？
14. 与别人谈话时，如果对方怎么也弄不明白你的意思，你会不会发火？

【完全解析】

23～28分：你一定是个心胸宽广的人。你的心理状态相当稳定，能够驾驭生活中的各种情况。你给人的印象很可能是独立、坚强，甚至还有点儿"脸皮厚"。但你不必在意，大家都羡慕你呢！

17～22分：你心胸不够开阔。你可能比较容易发火，对使你受委屈的人说一些不该说的话，这会导致单位和家庭中出现矛盾，之后你可能又会后悔，因为你人不坏，心肠也不硬。你要学会控制自己，事先尽量多想想，考虑清楚。

0～16分：你心胸有点儿狭隘。考虑事情不要只站在自己的角度，多替别人考虑，可能会让你心胸开阔些。